Collection de M. S..... de Paris

MONNAIES ROMAINES

PRIX : 1 FRANC

EN VENTE

Chez J. FLORANGE, Expert en Médailles

21, QUAI MALAQUAIS, 21

PARIS

1900

La conservation des pièces est indiquée scrupuleusement.

Les prix sont absolument nets.

Les envois aux frais des acheteurs et payables à réception en un bon à vue sur Paris ou contre remboursement et, à défaut, par traite avec frais de recouvrement ajoutés au montant de la facture.

Pas de réponse aux demandes d'articles vendus.

———

Achat de monnaies et médailles de tous pays, tant anciennes que modernes.

Rédaction de catalogues. — Expertises.

Envois à vue aux amateurs qui en font la demande.

———

ABRÉVIATIONS :

FDC.	= Fleur de coin.	T. L	= Tête laurée.
TB.	= Très beau.	T. n.	= Tête nue.
AB.	= Assez beau.	dr.	= droite.
B.	= Beau.	g.	= gauche.
R̸.	= Revers.	M. B.	= Moyen bronze.
Var.	= Variété.	G. B.	= Grand bronze.
T.	= Tête.	P. B.	= Petit bronze.

———

Toutes les pièces de cette collection sont en argent, sauf indication contraire.

Collection de M. S.... de Paris.

MONNAIES ROMAINES

République.

1 **Romano-Campaniens.** T. de Janus. ℞. Quadrige, à
dr., et ROMA en relief (24).   TB.   10   »

2 **Indéterminé.** T. de Rome, à dr., derrière X. ℞.
Les Dioscures à cheval galopant, à dr. (2). TB.   3   »

3 — T. de Rome, à dr., derrière V. ℞. Les Dioscures à cheval galopant, à dr.; derrière, H. (33).
Quinaire.   B.   4   »

4 — Avers du n° 2. ℞. La Victoire dans un bige
trainé par des cerfs, à dr. (6).   TB.   3 50

5 — Même avers. ℞. Diane dans un bige, à dr.
(101).   B.   3 50

6 *Accoleia.* Buste d'Acca Larentia, à dr., ℞. Trois
statues (1).   TB.   5

7 *Acilia.* T. de Rome, à dr., dans une couronne de
laurier. ℞. Jupiter dans un quadrige, à dr.,
dessous, le bouclier macédonien (1).   B.   5   »

8 — T. de la Santé, à dr., ℞. La Santé debout, à g.,
appuyée sur une colonne (8).   TB.   3

9 *Aelia.* Avers et revers du n° 2 (3).   TB.   3

10 — T. de Diane, à dr. Revers du n° 4 (4). TB.   3   »

11 *Aemilia.* Le roi Aretas à genoux tenant un cha-

1. Les numéros placés entre parenthèses se rapportent à Babelon,
Description des monnaies de la République romaine.

meau. ℞. Quadrige, à g. (8). 2 variétés. TB. à 3 50

12 — T. de la Concorde, à dr. ℞. Personnages
debout, à côté d'un trophée (10). TB. 3 50

13 *Afrania*. Avers du n° 2. ℞. La Victoire dans un
bige, à dr. (1). FDC. 5 »

14 *Annia*. Buste d'Anna Perenna, à dr., dans un col-
lier de perles. ℞. Victoire dans un quadrige,
à dr. (3). TB. 8 »

15 *Antestia*. T. nue d'Auguste, à dr. ℞. Instruments de sacrifice (18). TB. 10 »

16 *Antonia*. T. de Jupiter, à dr., ℞. Quadrige, à
dr. (1). B. 1 50

17 — T. nue de Marc-Antoine, à dr.; derrière, le
lituus. ℞. Piété deb., à g., tenant un autel
allumé et une corne d'abondance surmontée de
deux cigognes (46). TB. 15 »

18 — T. nue de M.-Antoine, à dr. ℞. T. nue d'Octave, à dr., (51). TB. 15 »

19 — Marc-Antoine debout, à dr., voilé en pontife et
tenant le lituus. ℞. T. radiée du Soleil, à dr.,
(80). TB. 8 »

20 — Légion XVII. Galère et aigle entre deux
enseignes militaires (127). TB. 2 50

21 *Appuleia*. Quadrige de Saturne au droit et au
revers (3). Pièce estimée 50 fr. B. 25 »

22 *Aquillia*. T. du Soleil, à dr. ℞. Bige, à dr.,
(1). TB. 4 »

23 *Atilia*. Avers du n° 2. Revers du n° 13 (1). TB. 3 50

24 — T. de Rome, à dr., ℞. M.ATIL. Les Dioscures à cheval, galopant, à dr. (8). FDC. 4 50

25 — Autre variété avec M.ATILI (9). FDC. 5 »

26 *Aurelia*. T. de Rome, à dr. ℞. Hercule dans un
bige de centaures, à dr. (16). TB. 12 »

27 — T. de Vulcain, à dr. ℞. Aigle sur un foudre
(21). TB. 5 »

28 *Axia*. T. de Mars, à dr. ℞. L.AXSIVS.L.F.

Diane dans un bige, à dr., suivi de deux chiens et précédé d'un troisième (1). TB. 25 »

29 *Baebia*. T. de Rome, à g. R'. Apollon dans un quadrige, à dr. (12). FDC. 4 »

30 *Cæcilia*. T. de Rome, à dr. R'. Bouclier (28). TB. 3 50

31 — T. de la Piété, à dr. R'. Lituus et praefericulum (44). TB. 3 »

32 — T. laurée et barbue de Jupiter, en Terme, à dr. R'. SCIPIO IMP. Éléphant marchant, à dr. (47). TB. 10 »

33 — T. de l'Afrique, à dr.; devant, un épi; au-dessous, une charrue. R'. EPPIVS LEG.F.C. Hercule debout, de face (50). TB. 20 »

34 *Calpurnia*. T. d'Apollon, à dr. R'. Victoire, debout, à dr. (13). Quinaire. TB. 3 »

35 — Même avers. R'. Cavalier au galop, à dr., (26). B. 3 »

36 — T. de Numa, à dr. R'. Proue de navire, à dr., (30). TB. 20 »

37 *Caninia*. T. nue d'Auguste, à dr., R'. L.CANINIVS GALLVS III VIR. Parthe à demi-nu, à genoux, à dr., présentant une enseigne (3). TB. 20 »

38 *Carisia*. T. de Rome, à dr. R'. Sceptre, globe, corne d'abondance et gouvernail (4). B. 3 »

39 *Cassia*. T. de **Bonus Eventus**, à dr. R'. Aigle sur un foudre (7). TB. 4 »

40 — T. de Vesta, à g. R'. Citoyen romain déposant son vote (10). TB. 3 50

41 — T. voilée de la Liberté, à dr. R'. Praefericulum et lituus (18). TB. 5 »

42 *Claudia*. Buste de Diane, à dr. R'. Victoire dans un bige, à dr. (5). FDC. 4 »

43 — T. du Consul, M. Claudius Marcellus, à dr.; derrière, la **triquetra**. R'. Le Consul consacrant les dépouilles opimes du Gaulois Viridomar dans le temple de Jupiter Feretrius (11). B. 8 »

44 — T. d'Apollon, à dr. ℞. Diane Lucifera, debout
  de face (45).   TB.   5 »

45 *Cloulia*. T. de Rome, à dr. ℞. Victoire dans un
  bige, à dr. (1).   B.   3 50

46 *Cœlia*. T. du Consul Coelius Caldus, à dr. ℞. T.
  du Soleil, à dr. (4).   B.   5 »

47 *Cornelia*. Types du n° 13 (4).   TB.   3 »

48 — Buste du Génie du peuple romain, à dr. ℞.
  Globe terrestre entre un gouvernail, un sceptre
  et une couronne (55).   TB.   3 50

49 — Buste de Diane, à dr.; derrière le lituus. ℞.
  Sylla en magistrat romain, assis sur une estrade ;
  devant lui, le roi Bocchus, agenouillé, lui pré-
  sente une branche d'olivier ; derrière lui, Jugur-
  tha en captif, agenouillé (59).   TB.   12 »

50 — T. d'Hercule jeune, à dr. ℞. Globe terrestre
  entouré de couronnes (61).   B.   4 »

51 — Buste de Vénus, à dr. ℞. Trois trophées
  (63).   B.   4 »

52 — La triquetra et trois épis ; au centre, la tête de
  Méduse. ℞. Jupiter debout, de face ; aucun
  symbole dans le champ (64 var. — Bahrfeldt,
  Suppl. à Babelon, n° 19).   TB.   8 »

53 *Creperia*. Buste d'Amphitrite, vu de dos, tour-
  nant la tête, à dr. ; dans le champ, E et poulpe.
  ℞. Q. CREPER.M.F.ROCVS. Neptune dans
  un bige d'hippocampes, galop, à dr. ; dans le
  champ, E (2).   B.   25 »

54 *Decimia*. Avers du n° 2. ℞. Diane dans un bige,
  à dr. (1).   TB.   3 50

55 *Didia*. T. voilée de la Concorde, à dr. ℞. La Vil-
  la Publica (1).   TB.   8 »

56 — T. de Rome, à dr. ℞. Le préteur T. Didius
  frappant à coups de fouet un esclave armé (2).
                                                B.   5 »

57 *Farsuleia*. Buste de la Liberté, à dr. ℞. Guerrier

recevant dans un bige, à dr. un personnage revêtu de la toge (1). TB. 3 »

58 — Autre variété (2). TB. 3 50

59 *Fonteia*. T. laurée et bifrons de Fontus. ℞. Galère (1). Deux variétés. TB. à 3 50

60 — T. d'Apollon, à dr. ℞. La chèvre Amalthée, à dr., entre les deux bonnets des Dioscures (11). TB. 2 »

61 — Buste de Mars, à dr. ℞. Cavalier galopant, à dr. (17). TB. 4 »

62 *Fufia*. T. accolées de l'Honneur et de la Valeur. ℞. L'Italie avec une corne d'abondance, tend la main à Rome qui tient un sceptre et pose le pied sur un globe (1). TB. 8 »

63 *Furia*. T. de Cérès, à dr. ℞. Chaise curule (23). TB. 4 »

64 *Hosidia*. Buste de Diane, à dr. ℞. Sanglier de Calydon (1). TB. 3 50

65 *Hostilia*. T. de Pallor, à dr. ℞. Guerrier combattant sur un char gaulois traîné par deux chevaux, à dr., dirigés par un aurige (2). TB. 6 »

66 — T. de Pavor, à dr. ℞. Diane d'Éphèse debout, de face (4). TB. 6 »

67 *Julia*. CAESAR. Éléphant, à dr. ℞. Les attributs pontificaux (9). TB. 3 »

68 — T. de Vénus, à dr. ℞. Énée emportant son père (10). B. 2 »

69 — T. de Vénus, à g. ℞. Trophée entre Vercingétorix agenouillé, les mains liées derrière le dos, et la Gaule assise, en pleurs (12). TB. 4 »

70 — T. de Cérès, à dr. ℞. Instruments de sacrifice (16). TB. 3 50

71 — T. de la Piété, à dr. ℞. Trophée (26). TB. 3 »

72 — T. laurée de Jules César, à dr. ℞. P. SEPVLLIVS MACER. Vénus debout, à g., tenant sur la main dr. une petite Victoire et s'appuyant de

la gauche sur un sceptre, au bas duquel est un
bouclier (48).   TB.   10   »

73 *Junia*. Types du n° 2 (1).   FDC.   3 50

74 — Type du n° 13 (15).   B.   2   »

75 — T. de Brutus l'Ancien. R′. Tête de Servilius
Athala (30).   B.   3 50

76 — T. de la Liberté, à dr. R′. Brutus et les lic-
teurs (31).   TB.   4   »

77 — L. SESTI. PRO. Q. Buste voilé de la Liberté,
à dr. R′. Q. CAEPIO BRUTUS PRO. COS.
Trépied entre une hache et un simpulum
(37).   TB.   30   »

78 — COSTA LEG. Tête laurée de la Liberté, à dr.
R′. BRVTVS. IMP. Trophée orné de deux
javelots et d'un bouclier échancré (42).   FDC.   25   »

79 *Licinia*. Buste de Vénus, à dr., couronnée de
myrte. R′. P. CRASSVS. M. F. Chevalier
romain debout, de face, tenant son cheval par
la bride (18).   TB.   10   »

80 *Livineia*. T. laurée de Jules César, à dr., entre
une branche de laurier et un caducée ailé. R′.
Taureau cornupète, courant à dr. (1).   B.   12   »

81 — T. nue du préteur L. Livineius Regulus, à
dr. R′. Chaise curule entre six faisceaux (10). TB.   8   »

82 *Lucretia*. T. de Neptune, à dr. R′. Cupidon
sur un dauphin, à dr. (3).   B.   3   »

83 *Lutatia*. T. de Rome, à dr. R′. Galère dans une
couronne de chêne (variété inédite avec nauto-
nier). (2 — Bahrfeldt, n° 1).   B.   5   »

84 *Maiania*. Types du n° 13 (1).   TB.   5   »

85 *Manlia*. T. de Rome, à dr. R′. Sylla dans un quadrige, à dr. (7).   B.   5   »

86 *Marcia*. Types du n° 2 (1).   TB.   3   »

87 — T. du roi Ancus Marcius, à dr. R′. Statue
équestre à dr. sur un aqueduc (28).   B.   3   »

88 *Memmia*. T. barbue et laurée de Romulus, à

dr. ℞. Cérès assise, à dr.; devant elle, un dragon
(9). TB. 5 »

89 — T. de Cérès, à dr. ℞. Trophée d'armes orien-
tales, au pied duquel est un captif à genoux
(10). TB. 5 »

90 *Minucia*. T. de Rome, à dr. ℞. C. AVG. Colonne
ionique entre deux hommes vêtus de la toge
(3). TB. 3 50

91 — T. de Rome, à dr. ℞. Colonne ionique entre
L. Minucius et M. Minucins Faesus (9). B. 3 »

92 — T. de Rome, à g. ℞. Deux combattants
(19). TB. 3 »

93 *Naevia*. T. de Vénus, à dr. ℞. La Victoire dans
un trige galopant, à dr. (6). TB. 2 50

94 *Nonia*. T. de Saturne, à dr. ℞. Rome assise, à
g., couronnée par la Victoire (1). TB. 6 »

95 *Numonia*. C. NVMONIVS VAALA. Tête de
Numonius Vaala, à dr. ℞. VAALA. Guerrier
romain attaquant un **vallum** défendu par deux
soldats (2). Pièce estimée 150 fr. Voyez planche. B. 90 »

96 *Petilia*. Aigle éployé sur un foudre, à dr. ℞. SF.
temple (3). TB. 10 »

97 *Petronia*. Buste tourelé de la déesse Féronia, à
dr. ℞. CAESAR AVGVSTVS, SIGN. RECE.
Guerrier parthe à genoux, à dr., présentant une
enseigne militaire (9). TB. 10 »

98 — T. nue d'Auguste, à dr. ℞. P. PETRON.
TVRPILIAN. III VIR. Pégase marchant à dr.
(16). B. 20 »

99. — Même avers. ℞. TVRPILIANVS III VIR.
Tarpeia de face, à moitié ensevelie sous un
monceau de boucliers, et levant les mains au
ciel (19). TB. 25 »

100 *Pinaria*. Types du n° 13 (1). TB. 3 »

101 — Autre variété (2). TB. 3 »

102 *Plaetoria*. T. de Junon Moneta, à dr. ℞.

Athlète nu, courant à dr.; portant une palme
et un ceste dénoué (2).   B.   20   »
103 — Buste de Cybèle, à dr. ℞. Chaise curule
    (3).   TB.   6   »
104 — Buste de la déesse Vacuna, à dr. ℞. Aigle
    sur un foudre (4).   TB.   5   »
105 — T. de Bonus Eventus, à dr. ℞. Caducée
    ailé (5).   TB.   3 50
106 *Plancia*. T. de Diane, à dr. ℞. Bouquetin, à dr.
    (1).   TB.   5   »
107 *Plautia*. Masque de face. ℞. L'Aurore entre les
    quatre chevaux du char du soleil (14).   TB.   7   »
108 — T. de Cybèle, à dr. ℞. Bacchus à genoux
    tenant un chameau (13).   TB.   3   »
109 *Poblicia*. T. d'Apollon à dr. ℞. Rome assise, à
    g., couronnée par la Victoire debout derrière
    elle (4).   TB.   4   »
110 *Pompeia*. T. de Rome, à dr. ℞. La Louve (1). B.   2   »
111 — Chaise curule à l'avers et au revers (5). TB.   5   »
112 — T. de Pompée, à dr. ℞. Anapus et Amphi-
    nome portant leurs parents sur leurs épaules;
    entre eux, Neptune debout (27).   TB.   10   »
113 *Pomponia*. T. d'Apollon, à dr. ℞. Numa sacri-
    fiant un bouc (6).   TB.   10   »
114 — T. d'Apollon à dr. ℞. HERCVLES MVSA-
    RVM. Hercule Musagètes debout, à dr.
    (8).   TB.   10   »
115 *Porcia*. T. de Rome, à dr. ℞. Trois personnages
    debout (4).   B.   4   »
116 *Postumia*. T. de Rome, à dr. ℞. Quadrige, à
    dr. (1).   TB.   3   »
117 — Buste de Diane, à dr. ℞. Trois cavaliers
    galopant, à g., la lance en arrêt, armés de bou-
    cliers ronds; devant eux, un guerrier ren-
    versé (4)   TB.   6   »
118 — Buste de Diane, à dr. ℞. Sacrificateur
    (7).   B.   3 50

119 — T. de la Piété, à dr. R'. Deux mains jointes
tenant un caducée (10). TB. 5 »
120 — T. du consul Postumius, à dr. R'. Légende
dans une couronne (14). B. 6 »
121 *Roscia*. T. de Junon, à dr. R'. Jeune fille
nourrissant un serpent (1). B. 2 50
122 *Rustia*. Bustes accolés, à dr., de la **Fortuna
victrix** casquée et de la **Fortuna felix** diadémée.
R'. Autel (3). B. 12 »
123 *Rutilia*. T. de Rome, à dr. R'. Victoire dans un
bige, à dr. (1). TB. 3 50
124 *Satriena*. T. de Rome, à dr. R'. Louve marchant à g. (1). TB. 3 50
125 *Saufeia*. Types du n° 123 (1). TB. 3 »
126 *Scribonia*. Types du n° 2 (1). TB. 3 50
127 — T. de Bonus Eventus, à dr. R'. Margelle du
puits Scribonien (8). TB. 3 »
128 — Avers précédent, R'. PVTEAL. SCRIBON.
Margelle du puits Scribonien. Légende de restitution : IMP. CAES. TRAIAN. AVG. GER.
DAC. P.P. REST. (Bab. II, p. 584 n° 47.
Fr. 300). Denier fourré. B. 80 »
129 *Sempronia*. Types du n° 2 (2). TB. 3 »
130 *Servilia*. T. de Rome, à dr. R'. Cavalier galopant, à g. et perçant de sa lance un autre cavalier (5). B. 3 »
131 — T. de Flore, à dr. R'. Deux guerriers debout
en face l'un de l'autre (15). B. 3 »
132 *Sicinia*. T. d'Apollon, à dr. R'. La massue
d'Hercule (1). TB. 7 »
133 — T. de la Fortune, à dr. R'. Caducée ailé et
palme placés en sautoir; au-dessus, une couronne de laurier (5). TB. 6 »
134 *Spurilia*. Types du n° 123 (1). B. 3 »
135 *Sulpicia*. T. voilée de Vesta, à dr. R'. Couteau
de sacrifice, simpulum et hache sacerdotale
ornée d'une tête de lion (6). B. 4 »

136 *Terentia*. Types du n° 2. Derrière la tête de
Rome une Victoire. ℞. Les Dioscures à cheval, à dr. (10).   TB.   3 »

137 *Thoria*. T. de Junon, à dr. ℞. Taureau courant,
à dr.   TB.   2 »

138 *Titinia*. Types du n° 123 (7).   B.   6 »

139 *Tituria*. T. du roi sabin Tatius, à dr. ℞. Victoire dans un bige, à dr. (6).   B.   3 50

140 *Tullia*. T. de Rome, à dr. ℞. Victoire, dans un
quadrige, à dr. (1).   TB.   2 »

141 *Valeria*. Types du n° 123 (7).   B.   2 50

142 — T. d'Apollon Soranus, à dr. ℞. Valeria
Luperca assise sur une génisse marchant à
dr. (16 et 17). Deux variétés.   TB. à 7 »

143 — Même avers. ℞. Sirène à corps d'aigle et à la
tête de Minerve, portant un bouclier et deux
flûtes, tournée à dr. (18).   TB.   10 »

144 *Vergilia*. T. d'Apollon Vejovis, à dr.; dessous,
la foudre. ℞. VER. GAR. OCVL. Jupiter dans
un quadrige, à dr.; dans le champ, H. (1). B.   30 »

145 *Vibia*. T. d'Apollon, à dr. ℞. Cérès marchant,
à dr., tenant dans chaque main une torche
allumée et précédée d'un porc (6).   TB.   8 »

146 — Masque de Pan, à dr. ℞. Jupiter Axur assis
sur un trône (18).   TB.   4 »

147 — T. d'Hercule, à dr. ℞. C. VIBIVS. VARVS.
Pallas, debout, à dr. (23).   TB.   6 »

148 — T. de Bacchus, à dr. ℞. Panthère essayant
de grimper sur un autel bachique (24).   TB.   5 »

149 *Volteia*. T. de Jupiter, à dr. ℞. Temple de Jupiter Capitolin (1).   B.   3 »

150 — Buste casqué de Corybas, à dr.; derrière, un
caducée. ℞. Cybèle dans un char traîné par
deux lions (4).   B.   4 »

151 — T. d'Apollon, à dr. ℞. M. VOLTEI. M. F.
Trépied autour duquel est enlacé un serpent;
dans le champ, S. C. D. T. (5).   B.   50 »

— 11 —

Empire[1].

152. *Pompée.* (Voyez n° 36 et 112.)
153 *Jules César.* C. CAES. DIC. TER. Buste ailé de
    la Victoire, à dr. ℞. L· PLANC· PRAEF.
    VR B. Vase à sacrifice (31). Aureus provenant
    de la coll. Hoffmann.   TB.   150
        (Voyez aussi n° 67 à 72 et 80.)
154 *Brutus.* (Voyez n° 77 et 78.)
155 *Cassius.* (Voyez n° 41.)
156 *Marc-Antoine.* (Voyez n° 17 à 20.)
157 *Octave-Auguste.* IMP. CAESAR. Sa tête nue,
    à dr. ℞. AVGVSTVS. Capricorne, à de.,
    avec corne d'abondance, dans une couronne
    de laurier (16). Médaillon.   TB.   45   »
158 — T. laurée, à dr. ℞. C. L. CAESARES AVGV-
    STI. F. etc. Caïus et Lucius debout, tenant
    chacun une haste et un bouclier (42). Aureus.
                                                    TB.   60   »
159 — T. laurée, à g. ℞. CAESAR AVGVSTVS.
    Deux branches de laurier (48).   TB.   10   »
160 — S. P. Q. R. PARENT. CONS. SVO. Aigle
    romaine, manteau impérial et couronne. ℞.
    CAESARI AVGVSTO (à l'exergue). Qua-
    drige, à dr. (80).   TB.   10   »
161 — T. laurée, à g. ℞. DIVVS. IVLIVS (dans le
    champ). Comète (97).   B.   4   »
162 — T. laurée, à dr. ℞. FORT. RED. CAES.
    AVG. S. P. Q. R. sur un autel (104).   TB.   12   »
163 — T. laurée d'Apollon, à dr. sous les traits
    d'Octave. ℞. IMP CAESAR (à l'exergue).
    Pontife conduisant deux bœufs au labour, à
    dr. (117).   TB.   7   »

---

1. Les numéros placés entre parenthèses se rapportent à l'ouvrage de
Cohen. *Description des monnaies frappées sous l'Empire romain,* 2ᵉ
édition.

164 — T. nue d'Auguste, à dr. ℞. IMP. X. (à
l'exergue). Taureau cornupète, à dr. (137).
TB.   8   »

165 — T. laurée, à g. ℞. S. P. Q. R. (à l'exergue).
Quadrige au pas, à dr., sur lequel on voit une
aigle romaine et un petit quadrige lancé
(272 var.)   TB.   10   »

166 — Même avers. ℞. S. P. Q. R. (dans le champ).
Temple rond à quatre colonnes; au milieu,
un char dans lequel sont une aigle romaine et
un petit quadrige (282).   TB.   10   »

167 — DIVI IVLI F. Tête nue d'Octave, à dr. ℞. Q.
VOCONIUS. VITVLVS. Veau marchant, à g.
(516). Aureus estimé 500 fr. Voyez planche. B.   350   »

167 bis — Restitution de Gallien. T. radiée, à dr. et
autel (578). Billon.   TB.   6   »
(Voyez nᵒˢ 15, 18, 37, 97 à 99 et 122.)

168 Tibère. T. laurée, à dr. ℞. Livie assise, à dr.
(16).   TB.   4   »

169 — T. laurée, à dr. ℞. TR. POT. XX. Victoire
assise, à dr., sur un globe (50). Or. Quin. TB.   80   »

170 Germanicus et Caligula. T. nue de Germanicus,
à dr. ℞. T. laurée de Caligula, à dr. (2). TB.   30   »

171 Claude I. T. laurée, à g. ℞. EX. S. C. (à
l'exergue). Carpentum, à dr. (32).   B.   40   »

172 — T. laurée, à dr. ℞. PACI AVGVSTAE. La
Paix debout, à dr., précédée par un serpent
(50). Or.   TB.   60   »

173 — Même pièce en argent (51).   B.   10   »

174 Néron. T. laurée, à dr. ℞. ARME NIAC. Victoire marchant, à dr. (32). Quinaire.   TB.   30   »

175 — ℞. IVPPITER CVSTOS. Jupiter assis, à g.
(118). Or.   TB.   65   »

176 Galba. T. laurée, à dr. ℞. CONCORDIA PRO-
VINCIARVM. La Concorde debout, à g.
(34).   TB.   25   »

177 — Variété du denier précédent (40).   B.   20   »

178 — Tête laurée, à dr. ℞. DIVA AVGVSTA.
Livie debout, à g. (55). TB. 15 »

179 *Otton.* Tête nue, à dr. ℞. PONT MAX.
L'Équité, debout, à g. (9). TB. 15 »

180 *Vitellius.* T. laurée, à dr. ℞. CONSENSVS
EXERCITVVM. Mars marchant, à g. (28).
TB. 15 »

181 — T. nue, à dr. ℞. Sans légende. Victoire
assise, à g. (121). B. 10 »

182 *Vitellius et ses enfants.* T. laurée, à dr. ℞.
Bustes en regard de son fils et de sa fille (5).
Pièce ébréchée. 30 »

183 *Vespasien.* T. laurée, à dr. ℞. COS. ITER. TR.
POT. La Paix assise, à g. (Pas dans Cohen).
TB. 3 »

184 — T. laurée, à dr. ℞. EX. S.C. (à l'exergue).
Carpentum, à g. (146). TB. 8 »

185 — T. laurée, à dr. ℞. PAX AVGVST. La Paix
assise, à g. (319). Or. TB. 65

186 — T. laurée, à dr. ℞. S.C. sur un bouclier sou-
tenu par deux capricornes ; dessous, un globe
(497). TB. 6 »

187 — T. laurée, à dr. ℞. VESTA. Temple rond ;
au milieu et de chaque côté, une statue (578).
Or. TB. 75 »

187 *bis* — Restitution de Gallien. T. radiée, à dr. et
autel (652). Billon. TB. 5 »

188 *Titus.* T. laurée, à dr. ℞. TR. P. VIIII.
IMP. XV. COS. VII. P. P. Capricorne, à g.,
sur un globe (293). Or. FDC. 90 »

189 — T. laurée, à dr. ℞. TR. P. IX. etc. Éléphant,
à g. (303). TB. 5 »

190 — T. l., à dr. ℞. TR. P. IX. etc. Foudre sur un
trône (316). TB. 4 »

191 — T. laurée, à dr. ℞. TR. P. IX. etc. Trépied
surmonté d'un dauphin (320). Or. TB. 65 »

192 *Domitien*. T. laurée, à dr. ℞. COS IIII. Pégase
marchant, à dr. (47).   TB.   5 »

193 — ℞. Domitien sacrifiant, à g., sur un autel,
derrière lequel un joueur de flûte et un joueur
de lyre; à g., le Tibre couché; dans le fond
un temple (92). M B. Patine foncée.   B.   10 »

194 — IMP. CAES. DOMIT. AVG. GERM. P. M.
TR. P. X. Sa tête laurée, à dr. ℞. IMP. XX.
COS. XIIII. CENS. P. P. P. Pallas avec
foudre et haste debout, à g.; à ses pieds, un
bouclier. Pièce inédite. Voyez planche.

195 — ℞. IVPPITER CONSERVATOR. Aigle de
face éployé sur un foudre (320).   TB.   4 »

196 — ℞. PRINCEPS IVVENTVT. L'Espérance
marchant, à g. (374). Or. Voyez planche. FDC.   120 »

197 — ℞. Deux mains jointes tenant une aigle
légionnaire posée sur une proue (393).   TB.   3 50

198 — ℞. Trône surmonté d'un casque (399). FDC.   6 »

199 — ℞. Chaise curule surmontée d'une couronne
(570).   TB.   3 50

200 — ℞. Domitien à cheval, à g. (664).   TB.   6 »

201 *Nerva*. La Fortune assise, à g. (76),   TB.   4 »

202 — ℞. IMP. II. COS. IIII. P. P. Simpule, asper-
soir, vase à sacrifice et bâton d'augure (94).
Or.   TB.   100 »

203 *Trajan*. ℞. ALIM. ITAL (à l'exergue) S. P. Q.
R. etc. L'Abondance debout, à g.; à ses pieds
un enfant (9).   TB.   3 »

204 — ℞. COS. V. P. P. etc. Victoire marchant, à
dr. (79). Quinaire.   B.   8 »

205 — ℞. COS. V. P. P. etc. La Fortune debout, à
g. (87).   TB.   3 50

205 *bis* — ℞. DIVVS PATERT RAIAN. Trajan
père assis, à g. (140).   TB.   15 »

206 — ℞. PARTHICO. P. M. TR. P. COS. VI. P.
P. S. P. Q. R. Buste du Soleil, à dr. (189). TB.   5 »

207 — ℞. P. M. TR. P. COS. IIII. P. P. Mars marchant, à dr. (228).   B.   2 »

208 — Même légende. Victoire debout, à dr., sur
une proue de vaisseau terminée par un serpent (241). TB. 2 50

209 — R'. P. M. TR. P. COS. V. P. P. Dace assis,
à dr., sur un bouclier, dans l'attitude de la tris-
tesse; dessous un sabre recourbé (260). TB. 3 »

210 — T. laurée, à dr. R'. PONT. MAX. TR. POT.
COS. II. La Fortune debout, à g., tenant un
gouvernail posé sur une proue et une corne
d'abondance (300). Or. TB. 70 »

211 — Même légende. La Concorde assise, à g.
(302). TB. 2 »

212 — R'. S. P. Q. R. OPTIMO PRINCIPI. Génie
debout, à g. (398). TB. 2 50

213 — Même légende. L'Équité debout, à g. (462).
TB. 2 50

214 — Même légende. Dace assis comme au n° 209
(529). TB. 3 »

215 — R'. VESTA (à l'exergue) COS. V. P. P. etc.
Vesta voilée assise, à g., tenant le palladium
et un sceptre (644). TB. 2 50

216 — R'. VIA TRAIANA (à l'exergue), S. P. Q. R.
etc. Femme couchée à terre, à g., tenant une
roue et un roseau (648). TB. 5 »

217 — Restitution de Gallien. T. radiée, à dr., et
autel (664). TB. 5 »
Voyez aussi n° 128.

218 *Plotine*. Son buste diadémé, à dr. R'. CAES.
AVG. GERMA. DAC. COS. VI. P. P. Vesta
comme au n° 215 (3). Usé et troué. 25 »

219 *Adrien*. Buste lauré, à dr. R'. ADOPTIO (à
l'exergue) PARTHIC. DIVI. TRAIAN. AVG.
F. etc. Trajan et Adrien debout, se donnant
la main (4). TB. 10 »

220 — R'. AEGYPTOS. L'Égypte couchée, à g.;
devant elle, un ibis (99). TB. 4 »

221 — R'. AETER AVG (dans le champ). P. M.

TR. P. COS III. L'Éternité voilée debout, à
g., tenant les têtes du Soleil et de la Lune
(131). TB. 2 »

222 — ℞. AFRICA. L'Afrique couchée, à g. ;
devant elle, une corbeille pleine de fruits (138)
TB. 4 »

223 — ℞. COS III. Victoire assise, à g. (363) TB. 2 »

224 — Même légende. L'Abondance assise, à g. ;
à ses pieds, le modius ; à l'exergue, un globe
(380). TB. 3 »

225 — Même légende. L'Espérance marchant, à g.
(390). TB. 2 50

226 — Même légende. La Concorde (ou plutôt l'Empereur) assise, à g., tenant une patère, le
coude gauche appuyé sur une statuette de
l'Espérance (328). TB. 5 »

227 — ℞. FIDES PVBLICA. La Bonne Foi debout
à dr. (717). TB. 2 »

228 — ℞. P. M. TR. P. COS III. Neptune debout,
de face, regardant à dr. et tenant un acrosto-
lium et un trident (1079). Or. TB. 85 »

229 — Même légende. Rome assise, à g., sur une
cuirasse, derrière elle, un bouclier (1102 var).
TB. 3 »

230 — Même légende. Victoire marchant, à dr.
(1125). Quinaire. TB. 8 »

231 — T. nue, à dr. ℞. PROVIDENTIA AVG. La
Providence debout, à g. (1201). TB. 2 50

232 — T. nue, à dr. ℞. SALVS AVG. La Santé
debout, à dr. (1335). TB. 2 50

233 — T. laurée, à dr. ℞. SPES P. R. L'Espérance marchant, à g. (1413). B. 2 »

234 — T. laurée, à dr. ℞. TELLVS STABIL.
Femme debout, à g., tenant un soc de charrue et un râteau (1427). TB. 6 »

235 — T. nue, à dr. ℞. VICTORIA AVG. Victoire
debout, à dr. (1454). TB. 2 50

236 — T. laurée, à dr. R'. VOTA PVBLICA. Adrien
    debout, à g., sacrifiant auprès d'un trépied
    (1484 var.).   TB.   4 »

237 — T. laurée, à dr. R'. Pallas debout, à g. Denier
    frappé à Amisus.   B.   5 »

238 *Sabine.* Buste, à dr. R'. La Concorde assise, à
    g. (12).   TB.   3 50

239 — R'. Junon debout, à g. (43).   TB.   3 50

240 *Aelius.* T. nue, à dr. R'. La Concorde assise, à
    g. (1).   TB.   15 »

241 — T. nue, à g. Même revers (5).   B.   10 »

242 — T. nue, à dr. R'. La Concorde debout, à g.,
    s'appuyant sur une colonne (14).   TB.   12 »

243 — T. nue, à dr. R'. La Piété debout, à dr.; à
    ses pieds, un autel (36).   TB.   15 »

244 *Antonin le pieux.* T. laurée, à dr. R'. APOL-
    LINI AVGVSTO. Apollon debout, de face,
    regardant à g. et tenant une patère et une
    lyre (60).   TB.   6 »

245 — T. laurée, à dr. R'. Diane debout, à dr.,
    tenant une flèche et un arc (68).   TB.   6 »

246 — T. nue, à dr. R'. CONSECRATIO. Aigle sur
    un autel (253).   TB.   3 »

247 — T. nue, à dr. R'. Bûcher à quatre étages en
    pyramides (164).   TB.   4 »

248 — Buste nu, à dr. R'. COS. IIII. Vesta debout, à
    g. (197).   TB.   3 »

249 — T. laurée, à dr. R'. Vesta debout, à g.; à ses
    pieds, un autel (201).   FDC.   3 »

250 — R'. L'Équité debout, à g. (240).   TB.   3 »

251 — R'. La Fortune debout, à dr. (271).   FDC.   3 »

252 — R'. L'Abondance debout, à g., posant la
    main gauche sur un modius placé sur un
    vaisseau (288).   TB.   3 »

253 — R'. L'Empereur sacrifiant, à g., sur un tré-
    pied (304).   TB.   3 »

254 — ℞. Deux mains jointes tenant un caducée et
    deux épis (344).   TB.   3 »

255 — Buste nu, à dr. ℞. DIVO PIO. Colonne sur-
    montée de la statue d'Antonin (353).   TB.   5 »

256 — T. nue, à dr. ℞. DIVO PIO. Autel (357).
                                     FDC.   4 »

257 — T. nue, à dr. ℞. Le Génie du peuple romain
    debout, de face (405).   TB.   6 »

258 — T. laurée, à dr. ℞. PAX (à l'exergue). TR.
    POT. XIIII. COS. IIII. La Paix debout, à g.
    (582).   FDC.   3 »

259 — Autre variété avec la tête laurée et TR.POT.
    XV etc. (585).   FDC.   3 »

260 — T. laurée, à dr. ℞. PIETAS (à l'exergue) TR.
    POT . XV . COS . IIII. La Piété debout, à dr.,
    tenant une chèvre et une corbeille de fruits, à
    ses pieds, un autel (617).   FDC.   6 »

261 — ℞. TEMPLVM . DIV . AVG . REST . COS . IIII
    Temple (809).   TB.   8 »

262 — ℞. TRANQ (à l'exergue) TR . POT . XV .
    COS . IIII. La Tranquillité debout, à dr. (826).
                                      TB.   6 »

263 — ℞. TR . POT . etc. Vesta assise, à g. (973).
                                      TB.   5 »

264 — ℞. La Paix debout, à g. (979).   FDC.   3 »

265 — ℞. L'Abondance du nᵒ 252 (983).   TB.   2 »

266 — Restitution de Gallien. T. radiée et autel
    (1189). Billon.   TB.   4 »

267 *Antonin et Marc-Aurèle*. T. laurée d'Antonin,
    à dr. ℞. T. nue de Marc-Aurèle, à dr. (15).
                                      TB.   8 »

268 *Faustine mère*. Buste, à dr. ℞. AED . DIV .
    FAVSTINAE. Temple (1).   TB.   6 »

269 — ℞. L'Éternité debout, à g. (11).   TB.   3 »

270 — ℞. AETERNITAS. L'Éternité ou Junon
    debout, à g. (26).   TB.   6 »

271 — ℞. L'Éternité debout, à g. (32).   TB.   3 »

272 — ℞. L'Éternité debout de face, regardant à
    dr. (41).   TB.   3 »

273 — Buste voilé, à dr. ℞. Trône avec sceptre;
    devant, paon tourné, à dr. (61).   FDC.   6 »

274 — Même buste. ℞. AETERNITAS. Étoile (63).
    B.   20 »

275 — Buste, à dr. ℞. AVGVSTA. Junon ou Vénus
    debout, à g. (73).   TB.   3 »

276 — ℞. Cérès debout, à g., tenant deux épis et
    un flambeau (78).   FDC.   3 »

277 — ℞. Cérès debout, à g., tenant une torche et
    sceptre (96).   TB.   3 »

278 — ℞. Cérès debout, à g., levant la main dr. et
    tenant un flambeau (101). 2 var.   TB. à 3 »

279 — ℞. Cérès debout, à g., tenant un flambeau
    et soutenant sa robe (104). 2 var.   TB. à 3 »

280 — ℞. Vesta debout, à g., tenant le simpule et
    le palladium (108).   FDC.   3 »

281 — ℞. La Piété debout, à g., auprès d'un autel
    (124).   TB.   3 »

282 — ℞. Faustine (?) debout, à g., levant la main
    droite et de la gauche relevant la draperie de
    sa robe, auprès d'un autel allumé (127 var.)
    TB.   5 »

283 — ℞. Trône avec sceptre et diadème (131). TB. 5 »

284 — ℞. CERES. Cérès debout, à g. (136). TB. 3 »

285 — ℞. Cérès assise, à g. (141). TB. 3 »

286 — Buste, à g. ℞. La Concorde assise, à g. (146
    var.).   TB.   6 »

287 — Buste, à dr. ℞. CONSECRATIO. La Piété
    debout, à g. (166).   TB.   3 »

288 — ℞. DEDICATIO AEDIS. Temple (191). TB. 18 »

289 — ℞. PIETAS AVG. La Piété debout, à g.,
    auprès d'un autel (234).   TB.   3 »

290 — ℞. PIETAS AVGVSTI. Temple (253 var.)
    TB.   15 »

291 *Marc-Aurèle*. T. laurée, à dr. ℞. L'Arménie
     assise, à g. (7).   TB.   4 »

292 — T. nue, à dr. ℞. La Concorde assise, à g. (30).
                                                FDC.   3 »

293 — Même pièce avec sa tête laurée, à dr. (31).
                                                FDC.   3 »

293 *bis*. — Buste nu et drapé, à dr. ℞. COS. II.
     Pallas debout, à g. (101). Or.   TB.   75 »

294 — T. nue, à dr. ℞. COS. II. L'empereur debout,
     à g. (110).   TB.   3 »

295 — Buste nu, à dr. ℞. IVVENTAS. La jeu-
     nesse debout, à g., auprès d'un candélabre
     (389).   FDC.   6 »

296 — T. laurée, à dr. ℞. PAX (à l'exergue) TR.
     P. etc. La Paix debout, à g. (435).   TB.   3 »

297 — Autre variété (Avers du 434 et revers du
     437).   FDC.   4 »

298 — ℞. P.M.TR.P. etc. L'Abondance debout à g.
     (Avers du n° 434 et revers du n° 474). FDC.   4 »

299 — ℞. La Félicité debout, à g. (476).   FDC.   3 »

300 — ℞. Rome assise, à g. (481). 2 variétés. FDC. à   3 »

301 — Avers du n° 296. ℞. précédent.   TB.   3 »

302 — T. nue, à dr. ℞. PROV.DEOR. etc. La
     Providence debout, à g. (507).   FDC.   3 »

303 — Autre variété avec son buste lauré, à dr.
     (508).   TB.   3 »

304 — Autre variété (518).   FDC.   3 »

305 — T. nue, à dr. ℞. TR.POT.COS.II. L'Espé-
     rance marchant à g. (600).   TB.   3 »

306 — T. nue, à dr. ℞. Pallas debout, à dr. (608).
                                                TB.   3 »

307 — T. nue, à dr. ℞. La Providence debout, à g.
     (628).   TB.   3 »

308 — T. nue, à dr. ℞. Le Génie de l'armée, debout,
     à g.; à ses pieds, un autel (673).   TB.   5 »

309 — T. nue, à dr. ℞. Soldat debout, à g. (703).
                                                TB.   3 »

310 — Buste nu, à dr. R'. TR.P.XVIII.COS.III.
    La Félicité assise, à dr. (852).   FDC.   3 »

311 — T. laurée, à dr. R'. Mars debout, à dr. (868).
                                 TB.   3 »

312 — R'. Victoire attachant à un palmier un bou-
    clier sur lequel on lit VIC.PAR. (878). FDC.   6 »

313 — R'. La Providence debout, à g. (881). FDC.   3 »

314 — R'. L'Équité debout, à g. (882). 3 variétés.
                              FDC. à   3 »

315 *Faustine jeune.* Buste, à dr. R'. La Concorde
    debout (44).   TB.   4 »

316 — R'. La Concorde assise, à g. (Avers du n° 54
    et R'. du n° 56).   TB.   5 »

317 — R'. La Fécondité debout, à g., avec quatre
    jeunes filles (95).   TB.   3 »

318 — R'. La Fécondité debout, à dr., tenant un
    sceptre et un enfant (99).   FDC.   3 50

319 — R'. IVNO. Junon debout, à g. (120).   FDC.   3 50

320 — Buste diadémé. R'. IVNONI REGINAE.
    Junon debout, à g. (140).   FDC.   3 50

321 — Autre variété avec buste sans diadème (141).
                              TB.   3 »

322 — Variété du n° 320 avec Junon assise, à g.
    (145).   FDC.   3 50

323 — R'. LAETITIA. La Joie debout, à g. (148).
                           FDC.   3 50

324 — Autre variété avec la joie debout, à dr. TB.   3 50

325 — R'. SAECVLI FELICIT. Pulvinar (190).
                           FDC.   3 50

326 — Autre variété avec le buste diadémé (191).
                           FDC.   3 50

327 — R'. SALVS. La Santé assise, à g. (195). TB.   3 »

328 — R'. VENVS. Vénus debout, à g., tenant une
    colombe et un sceptre (255).   FDC.   3 50

329 — Autre variété avec Vénus debout, à g.,
    tenant une pomme et un gouvernail (266).
                          FDC.   4 »

330 *Lucius Verus*. T. nue, à dr. R̅. CONSE-
CRATIO. Bûcher (58).   TB.   8 »
331 — T. laurée, à dr. R̅. La Paix debout, à g.
(126). 2 variétés.   FDC. à 3 »
332 — T. nue, à dr. R̅. La Providence debout, à g.
(144).   FDC.   3 »
333 — Tête nue, à dr. R̅. TR.P.IIII, etc. Mars
debout, à dr. (229).   FDC.   3 »
334 — Même pièce avec sa tête laurée (230).   FDC.   3 »
335 — T. laurée, à dr. R̅. Victoire marchant, à g.
(295).   FDC.   3 »
336 *Lucille*. Buste, à dr. R̅. La Concorde assise, à
g., sous le siège, une corne d'abondance (6).
FDC.   4 »
337 — Même pièce, mais sans corne d'abondance.
FDC.   5 »
338 — R̅. La pudeur assise, à g. (62).   FDC.   6 »
339 *Commode*. Son buste, à dr., avec la peau de
lion. R̅. HERCVL.ROMAN.AVGV. Massue ;
le tout dans une couronne (189).   B.   4 »
340 — Même buste. R̅. HERCVLI ROMANO AVG.
Arc, massue et carquois (195).   B.   5 »
341 — T. laurée, à dr. R̅. MATRI DEV.CON-
SERV.AVG. Cybèle sur un lion courant, à
dr. (354).   TB.   30 »
342 — R̅. P.M.TR.P. etc. Modius (447).   TB.   3 50
343 — R̅. Rome assise, à g. (647).   B.   2 »
344 — Autre variété (658).   TB.   3 »
345 — Buste lauré, à dr. R̅. TR.P.III.IMP.II.
COS.P.P. Castor debout, à g., avec un
cheval (760). Or. Voyez planche.   TB.   200 »
346 — R̅. TR.P. etc. Victoire assise, à g. (775).
TB.   2 »
347 — R̅. La Fortune assise, à g. (779).   TB.   2 »
348 — R̅. Rome assise, à g. (888).   B.   2 »
349 *Crispine*. Buste, à dr. R̅. CONCORDIA. Deux
mains jointes (8).   TB.   6 »

350 *Pertinax*, T. laurée, à dr. ℞. AEQVIT.
AVG.TR.P.COS.II. L'Équité debout, à g.
(2).   TB.   45   »

351 *Dide Julien*. T. l., à dr. ℞. P.M.TR.P.COS.
La Fortune deb., à g. (10). Voy. planche. FDC. 150   »

352 *Pescennius Niger*. T. laurée, à dr. ℞. BONAE
SPEI. L'Espérance marchant, à g. (5).   AB.   50   »

353 — IMP.CAES.C.PESC.NIGER.IVST.AVG.
Tête laurée, à dr. ℞. MINER VICTRIS.
Minerve debout, à g. (54). Voyez planche.
                                            TB.   150   »

354 — T. laurée, à dr. (Avers de Cohen, 53). ℞.
SAECVLI.FELICITAS. Croissant surmonté
de sept étoiles (64 var.).   Usé. 25   »

355 — IMP.CAES.C.PESCEN.NIGER.IVSTI.
AVG. T.L., à dr. ℞. PIETATE AVG. Femme
debout, à g., tenant de la main droite une
corbeille de fruits, et de la main gauche deux
épis. Voyez planche.   Beau style. 100   »

356 *Albin*. T. laurée, à dr. ℞. FIDES LEGION
COS.II. Deux mains jointes tenant un aigle
légionnaire (24).   FDC. 15   »

357 — T. nue, à dr. ℞. FORT.REDVCI.COS.II.
La Concorde assise, à g., tenant un gouvernail posé sur un globe et une corne d'abondance (30 var.).   TB.   15   »

358 — T. laurée, à dr. ℞. GEN.LVG.COS.II. Le
Génie de Lyon debout, à g. ; à ses pieds, un
aigle (40).   TB.   15   »

359 — T. nue, à dr. ℞. Rome assise, à g. (61). TB.   8   »

360 *Septime Sévère*. T. laurée, à dr. ℞. COS.III.
LVDOS SAECVL.FEC. Hercule debout, à
g., en face de Bacchus deb. à dr. ; aux pieds
de ce dernier, une panthère (109).   TB.   30   »

361 — ℞. IOVI CONSERVATORI. Jupiter assis, à
g. (237).   TB.   3   »

362 — ℞. LEG.XIIII.GEM.M.V.TR.P.COS.

Aigle légionnaire entre deux enseignes militaires (272). TB. 10 »

363 — R′. 6ᵉ Libéralité debout, à g. (298). FDC. 2 »

364 — R′. PART.MAX.P.M.TR.P.X. Deux captifs parthes assis au pied d'un trophée (372). FDC. 4 »

365 — Même pièce avec PART.MAX.P.M.TR.P.X.COS.III.P.P. (373). TB. 2 50

366 — R′. P M.TR.P.II. etc. Pallas debout, à g. (381). FDC. 3 »

367 — R′. Victoire volant, à g. (454). TB. 2 »

368 — R′. Le Génie du peuple romain debout, à g. (504). FDC. 2 »

369 — R′. PONTIF.TR.P.XI.COS.III. Victoire marchant, à g. (570). Quinaire. TB. 20 »

370 — R′. RESTITVTOR VRBIS. L'empereur sacrifiant (599). FDC. 2 50

371 — Autre variété (600). TB. 2 »

372 — Même pièce que le n° 370 avec RESTITVTORI. VRBIS (612). FDC. 3 »

373 — R′. VICTORIAE BRIT. Victoire debout, à côté d'un palmier auquel est attaché un bouclier (729). B. 3 »

374 — R′. VOTA SVSCEPTA XX. L'empereur sacrifiant, à g. (791). FDC. 4 »

375 *Julie Domne*. Buste, à dr. R′. Diane debout, à g. (32). TB. 1 50

376 — R′. HILARITAS. L'Allégresse debout, à g., entre deux enfants (79). TB. 1 50

377 — Buste, à dr., avec le croissant R′. LVNA LVCIFERA. Diane dans un bige, à g. (106). TB. 3 »

378 — Buste, à dr. R′. SAECVLI FELICITAS. Isis debout, à dr., allaitant Horus (174). TB. 2 »

379 — R′. VENERI VICTR. Vénus debout à demi-nue, vue par derrière, appuyée sur une colonne (194). TB. 4 »

380 — Avers du n° 377. R'. VENVS GENETRIX.
Vénus assise, à g. ; à ses pieds, Cupidon debout
(205).   TB.   3   »
381 — Autre variété sans croissant et sans Cupidon
(212).   FDC.   2   »
382 — R'. VESTA. Vesta debout, à g. (230). FDC.   1 50
383 *Julie et Caracalla*. Leurs bustes (1).   B.   20   »
384 *Caracalla*. R'. La Félicité debout, à g. (61).
                                          FDC.   1   50
385 — R'. FIDES MILITVM. Aigle légionnaire
entre deux enseignes ; en bas, trois boucliers
(81).   TB.   4   »
386 — R'. INDVLG.FECVNDAE. Julie voilée et
tourelée assise, à g. (104).   FDC.   4   »
387 — R'.P.M.TR.P.XV.COS.III.P.P. L'Abon-
dance assise, à g. (205).   FDC.   2   »
388 — R'. Apollon assis, à g. (242).   FDC.   5   »
389 — Buste l., drapé et cuirassé, à dr. R'.
P.M.TR.P.XVIII.COS.IIII.P.P. Jupiter
assis, à g. (276). Or. Voyez planche.   TB.   250 »
390 — R'. Apollon debout, à g. (282).   FDC.   5   »
391 — Buste radié et cuirassé, à dr. R'. Sérapis
debout, à g. (295).   TB.   2 50
392 — R'. P.M.TR.P.XX. etc. Diane dans un
bige de taureaux, à g. (395).   TB.   5   »
393 — R'. PONTIF.TR.P. etc. Mars debout, à g.
(424).   TB.   1 50
394 — R'. La Concorde assise, à g. (165).   TB.   1 50
395 — R'. La Sécurité assise, à dr. (498).   TB.   2   »
396 — R'. PROFECTIO AVG. L'empereur debout,
à dr., suivi d'un vexillaire (509).   FDC.   8   »
397 — Buste nu, à dr. R'. SECVRITAS PERPE-
TVA. Pallas debout, à g. (566).   TB.   4   »
398 — R'. VICT.AETERN. Victoire volant, à g.
(614).   FDC.   1 50
399 — R'. VOTA SVSCEPTA X. L'empereur sacrifiant, à g. (688).   TB.   4   »

400 *Plautille*. R'. La Concorde assise, à g. (7). FDC. 4 »
401 — R'. CONCORDIAE AETERNAE. Plautille
et Caracalla se donnant la main (10). TB. 4 »
402 — Autre variété avec CONCORDIA FELIX
(12). TB. 4 »
403 — R'. VENVS VICTRIX. Vénus debout, à g.
(25). TB. 4 »
404 *Géta*. T. laurée, à dr. R'. La 5ᵉ Libéralité
debout, à g. (68). TB. 1 50
405 — Buste nu, à dr. R'. Minerve debout, à g.
(85). TB. 8 »
406 — R'. NOBILITAS. Femme debout, à dr. (90).
TB. 4 »
407 — PONTIF.COS. Pallas debout, à g. (104).
TB. 1 50
408 — R'. Géta debout, à g. (117). FDC. 3 »
409 — T. laurée, à dr. R'. Génie debout, à g. (140).
TB. 1 50
410 — Buste nu, à dr. R'. PRINC.IVVENTVTIS.
Géta debout, à g., derrière lui, un trophée.
(157). TB. 1 50
411 — R'. PRINC.IVVENT. Géta debout, à g.
(159). FDC. 3 50
412 — R'. du n° 398 (206). FDC. 2 »
413 *Macrin*. Buste lauré, à dr. R'. ANNONA AVG.
L'Abondance assise, à g. (8). TB. 6 »
414 — R'. La Félicité debout, à g. (15). FDC. 10 »
415 — R'. La Foi debout, tenant deux enseignes
(22). FDC. 12 »
416 — R'. Jupiter debout, à g. (33). TB. 8 »
417 — Autre variété; à côté de Jupiter, Macrin
debout (37). FDC. 14 »
418 — R'. PONTIF.MAX etc. La Félicité debout,
tenant deux enseignes (60). TB. 8 »
419 — R'. La Paix debout, à g., tenant un caducée
et une corne d'abondance (65). FDC. 12 »
420 — R'. La Providence debout, à g. (108). TB. 10 »

421 — Buste radié, à dr. R'. La Sécurité assise, à
g. (126). Grand module.   TB.   12   »

422 — Même pièce avec le buste lauré (128). FDC.   15   »

423 *Diaduménien*. Buste nu, à dr. R'. PRINC.
IVVENTVTIS. L'empereur debout, à g.,
tenant une enseigne militaire et un sceptre;
derrière lui, deux enseignes (3).   TB.   12   »

424 — Autre variété avec l'empereur tenant une
baguette et un sceptre; derrière lui, deux
enseignes (12).   FDC.   20   »

425 — R'. SPES PVBLICA. L'Espérance marchant,
à g. (21).   FDC.   25   »

426 *Élagabale*. R'. L'Abondance debout, à g. (1).
                                           TB.   1 50

427 — R'. La Fidélité assise, à g. tenant un aigle et
une enseigne militaire, devant elle une
enseigne (32).   FDC.   2   »

428 — R'. INVICTVS SACERDOS AVG. L'Empe-
reur sacrifiant, à g. (61).   FDC.   4   »

429 — R'. La Liberté debout, à g. (92).   FDC.   2 50

430 — Buste lauré et drapé, à dr. R'. La Liberté
assise, à g. (101 var.)   FDC.   6   »

431 — R'. Mars nu marchant, à dr. (109).   FDC.   2   »

432 — Buste radié, à dr. R'. P.M.TR.P. etc.
Rome assise, à g. (140). Grand module. TB.   2 50

433 — R'. La Paix courant, à g. (143).   TB.   2   »

434 — R'. Jupiter assis, à g. (151).   FDC.   2   »

435 — R'. Le Soleil marchant, à g. (184).   FDC.   2   »

436 — R'. L'Empereur sacrifiant, à dr. (246). TB.   2   »

437 — Buste radié, à dr. R'. La Santé debout, à dr.
(255). Grand module.   TB.   3   »

438 — R'. L'empereur sacrifiant, à g. (276). TB.   4   »

439 — Buste radié, à dr. R'. La Félicité debout, à
g. (280). Grand module.   TB.   2   »

440 — La même pièce avec son buste lauré (282).
Petit module.   TB.   2   »

441 — R'. La Victoire marchant, à g. (304). FDC.   2   »

442 *Julie Paula*. Buste, à dr. ℞. CONCORDIA
Élagabale et Julie se donnant la main (12).
TB.   5 »

443 — ℞. VENVS GENETRIX. Vénus assise, à g.
(21).   TB.   5

444 *Aquilia Severa*. Buste, à dr. ℞. CONCORDIA.
La Concorde debout, à g. (2).   TB.   15 »

445 *Julie Soemias*. Buste, à dr. ℞. VENVS CAE-
LESTIS. Vénus debout, à g. (8).   FDC.   5 »

446 — Même pièce. Vénus assise ; à ses pieds, un
enfant (14).   FDC.   5 »

447 *Julie Maesa*. Buste, à dr. ℞. La Piété debout, à
g., auprès d'un autel (29).   FDC.   3 »

448 — Même pièce avec son buste diadémé, à dr.,
avec le croissant (30). Grand module.   TB.   5 »

449 — Buste, à dr. ℞. La Pudeur assise, à g. (36).
FDC.   3 »

450 — ℞. La Félicité debout, à g. (45).   TB.   2 »

451 *Alexandre Sévère*. Tête laurée, à dr. ℞. AN-
NONA AVG. L'Abondance debout, à d.,
tenant un gouvernail et le modius; à ses
pieds, un globe et une proue de vaisseau
(32).   TB.   4 »

452 — ℞. La Félicité debout, à g. (45).   TB.   2 »

453 — ℞. La Foi militaire assise, à g. (51). FDC.   2 50

454 — Buste lauré et drapé, à dr. ℞. Jupiter marchant, à g. (84).   FDC.   2 50

455 — ℞. Jupiter assis, à g. (95).   FDC.   3 »

456 — T. laurée, à dr. ℞. La 4ᵉ libéralité debout, à
g. (133).   FDC.   5 »

457 — Buste lauré et drapé, à dr. ℞. Mars marchant, à dr. (161).   TB.   3 »

458 — Buste lauré et drapé, à dr. ℞. MARTI PACI-
FERO. Mars debout, à g., tenant une branche
d'olivier et une haste renversée (172). Or.
Voyez planche.   FDC.   200 »

459 — Buste nu et drapé, à dr. PIETAS AVG. Instruments de sacrifice (198). B. 10 »

460 — R'. P.M.TR.P. etc. Jupiter debout, à g. (229). B. 1 »

461 — R'. L'empereur debout, à g. (270). TB. 2 »

462 — R'. L'empereur sacrifiant, à g. (276). FDC. 2 50

463 — Autre variété (289). B. 1 50

464 — R'. L'Équité debout, à g. (312). FDC. 3 »

465 — R'. Variété du n° 463 (325). FDC. 5 »

466 — R'. Mars debout, à dr. (337). TB. 2 »

467 — R'. Mars marchant, à g. (365). FDC. 3 »

468 — R'. L'empereur debout, à dr. (401). TB. 2 »

469 — R'. Le Soleil debout, à g. (411). FDC. 4 »

469 *bis* — R'. Le Soleil marchant, à g. (448). FDC. 2 50

470 — R'. La Prévoyance debout, à g. (501). TB. 2 »

471 — R'. L'Espérance marchant, à g. (543). FDC. 2 50

472 — R'. Victoire marchant, à g. (564). TB. 3 »

473 — R'. Victoire debout, à dr., écrivant VOT.X. sur un bouclier (566). TB. 4 »

474 — R'. VIRTVS AVG. L'empereur debout, à g. (586). FDC. 4 »

475 — Restitution de Gallien. Buste radié, à dr. et aigle (599). Pièce trouée. B. 3 »

476 *Orbiane*. Buste, à dr. R'. CONCORDIA AVGG. La Concorde assise, à g. (1). TB. 20 »

477 *Julie Mamée*. Buste à dr. R'. La Fécondité assise, à g.; à ses pieds, un enfant (6). B. 3 »

478 — R'. La Félicité debout, à g. (17). FDC. 3 »

479 — R'. Junon assise, à g. (32). FDC. 3 »

480 — R'. Junon debout, à g. (35). TB. 3 »

481 — R'. Vénus debout, à g. (76). FDC. 3 50

482 — R'. Vesta debout, à g., tenant le palladium et un sceptre (81). FDC. 3 »

483 — R'. Vesta debout, à g., tenant une patère et un sceptre (85). TB. 3 »

484 *Maximin* Ier. Buste, à dr. R'. La Foi militaire debout, à g. (7). TB. 1 50

485 — ℟. La Paix debout, à g. (31 et 37). 2 var.

TB. à 1 50

486 — ℟. L'empereur debout, à g., entre deux
enseignes (55). TB. 2 »

487 — ℟. La Providence debout, à g. (75). FDC. 2 50

488 — ℟. La Santé assise, à g. (85). FDC. 3 »

489 — ℟. Victoire courant, à dr. (99). TB. 2 »

490 *Maxime*. Buste nu et drapé, à dr. ℟. PIETAS.
AVG. Instruments de sacrifice (1). FDC. 25 »

491 — ℟. PRINC.IVVENTVTIS. L'empereur
debout, à g. ; derrière lui, deux enseignes (10)

TB. 15 »

492 *Balbin* [1]. Buste radié et drapé, à dr. ℟. CON-
CORDIA AVGG. Deux mains jointes (3).

TB. 12 »

493 — Même pièce avec FIDES MVTVA AVGG
(6). TB. 12 »

494 — Même pièce avec PIETAS MVTVA AVGG
(17). TB. 12 »

495 — Buste lauré et drapé, à dr. ℟. PROVIDEN-
TIA DEORUM. La Providence debout, à g.
(23). FDC. 15 »

496 *Pupien*. ℟. AMOR MVTVVS AVGG. Deux
mains jointes (1). B. 10 »

497 — ℟. CARITAS MVTVA AVGG. Deux mains
jointes (3). TB. 15 »

498 — Buste lauré et drapé, à dr. ℟. La Concorde
assise, à g. (6). TB. 10 »

499 — ℟. PATRES SENATUS. Deux mains jointes
(21). B. 10 »

500 — Buste lauré et drapé, à dr. ℟. P.M.TR.P.
COS.II.P.P. La Paix debout , à g. (26).

FDC. 15 »

1. A partir de Balbin jusqu'à Constantin le Grand, tous les bustes ou
têtes des empereurs sont radiés, sauf indication contraire.

501 — Même pièce avec l'empereur debout, à g.
    (29).   TB.   10 »

502 *Gordien le Pieux*. Buste lauré et drapé, à dr.
    R. Jupiter debout (113).   FDC.   3 »

503 — R. La 2ᵉ Libéralité debout, à g. (130). TB.   1 »

504 — Avers du n° 173 de Cohen. R. La Paix
    debout, à g. (178 var.)   TB.   1 50

505 — Buste du n° 502. R. L'empereur à cheval, à
    g. (234).   TB.   3 »

506 — R. Apollon assis, à g. (261).   FDC.   1 50

507 — R. L'empereur debout, à dr. (276).   TB.   1 »

508 — Buste du n° 502. R. La Santé debout, à dr.
    (325).   TB.   2 »

509 — Même avers. R. La Sécurité assise, à g.
    (340).   FDC.   2 50

510 — R. Victoire marchant, à g. (357).   TB.   1 »

511 — R. La Valeur debout, à g. (381).   TB.   1 »

512 — Buste lauré et drapé, à dr. R. VIRTVTI
    AVGVSTI. Hercule deb., à dr. (401) Or. B.   65 »

513 *Philippe père*. R. L'Empereur à cheval, à g.
    (3).   TB.   1 50

514 — R. L'Équité debout, à g. (9).   TB.   1 50

515 — R. FELICITAS IMPP. dans couronne (39).
      TB.   6 »

516 — R. La Joie debout, à g. (80).   TB.   1 50

517 — R. La 2ᵉ Libéralité debout, à g. (87). TB.   1 50

518 — R. La Paix marchant, à g. (102).   TB.   1 50

519 — R. Rome assise, à g. (169).   TB.   1 50

520 — R. La Louve, à g. (178).   TB.   2 »

521 — R. Cerf marchant, à dr. (182).   TB.   2 »

522 — R. Cippe (193).   TB.   1 50

522 *bis*. — Buste l. à dr. R. Temple à six colonnes.
    (202). G. B.   B.   6 »

523 — R. L'empereur et son fils à cheval, à dr.
    (241).   TB.   5 »

524 *Otacilie*. Buste, à dr. R. La Concorde assise, à
    g. (4, 9, 16 et 17). 4 var.   TB. à 1 25

525 — ℞. La Piété debout, à g. (39). TB. 1 25
526 — Autre variété (43). FDC. 2 50
527 — ℞. La Pudeur assise, à g. (53). TB. 2 »
528 — ℞. Hippopotame, à dr. (63). TB. 2 50
529 *Philippe fils*. ℞. Le Soleil marchant, à g. (6). TB. 1 50
530 — Philippe, père et fils, assis, à g. (17). TB. 3 »
531 — ℞. La Paix debout, à g. (24). TB. 1 50
532 — ℞. L'empereur debout, à dr. (54). TB. 2 »
533 *Trajan Dèce*. ℞. L'Abondance debout, à dr. (2). FDC. 1 50
534 — ℞. L'empereur à cheval, à g. (4). FDC. 2 50
535 — Autre variété (Avers de Cohen n° 3). TB. 2 »
536 — ℞. La Dacie, debout, à g. (16). TB. 2 »
537 — ℞. Génie debout, à g. (49). TB. 1 25
538 — ℞. Les deux Pannonies (86). Deux var. TB. à 2 »
539 — Buste lauré, drapé et cuirassé, à dr. ℞. VBERITAS AVG. La Fertilité debout, à g. (104). Or. B. 100 »
540 — Revers précédent (105). TB. 1 50
541 — ℞. Victoire courant, à g. (111). TB. 1 50
542 *Etruscille*. ℞. La Fécondité debout, à g. (8). TB. 1 50
543 — ℞. La Pudeur assise, à g. (19). TB. 2 »
544 *Hérennius*. ℞. Instruments de sacrifice (14). TB. 3 »
544 *bis*. — Buste n. et dr. à dr. ℞. Mercure deb. à g. (13). M. B. B. 5 »
545 — ℞. Apollon assis, à g. (20). TB. 3 »
546 — ℞. L'Empereur debout, à g. (26). TB. 3 »
547 *Hostilien*. ℞. MAR . PROP. Mars marchant à dr. (10). TB. 5 »
548 — Même pièce avec MARS PROPUG (13). B. 4 »
549 — Même pièce avec MARTI PROPVGNA-TORI (15). TB. 5 »
550 — ℞. PRINCIPI IVVENTVTIS. L'Empereur

debout, à g., tenant une haste et une enseigne
militaire (34). TB. 6 »

551 — R'. SECVRITAS AVGG. La Sécurité debout
de face, appuyée sur une colonne (57). TB. 12 »

552 — R'. du n° 539 (63). B. 8 »

553 *Trébonien Galle*. R'. La Félicité debout, à g.
(35). TB. 1 50

554 — R'. Mars marchant, à g. (71). TB. 2 50

555 *Volusien*. R'. La Concorde debout, à g. (20).
TB. 2 »

556 — R'. La Félicité debout, à g. (32). TB. 2 »

557 — R'. L'empereur debout, à g. (92). TB. 1 50

558 — R'. La Valeur debout, à g. (135). FDC. 1 50

559 *Émilien*. R'. DIANAE VICTRI. Diane debout,
à g. (10). TB. 8 »

560 — R'. MARTI PACIF. Mars courant, à g. (22)
B. 6 »

561 — R'. PACI AVG. La Paix, debout de face,
appuyée sur une colonne (26). TB. 8 »

562 — R'. P.M.TR.P. I P.P. L'empereur debout,
à g., sacrifiant auprès d'un autel et d'une
enseigne (33). TB. 10 »

563 — R'. ROMAE AETERN. Rome debout, à g.
(41). TB. 10 »

564 *Valérien père*. R'. La Concorde debout, à g.
(42). TB. 1 50

565 — R'. La Foi militaire debout, à g., tenant
deux enseignes (65). FDC. 2 »

566 — R'. P.M.TR.P. etc. Valérien et Gallien
debout, en face l'un de l'autre, appuyés sur
leurs boucliers (169). TB. 4 »

567 — R'. L'empereur et l'Orient debout, en face
l'un de l'autre (189). TB. 3 »

567 *bis*. — R'. La Santé deb. à g. (197). TB. 1 »

568 — R'. VIRTVS AVGG. Valérien et Gallien
debout en face l'un de l'autre (277). TB. 5 »

569 *Mariniane*. Buste diadémé et voilé, à dr. avec

le croissant. R'. CONSECRATIO. Paon de
face, regardant, à g. (2).   FDC.   10 »

570 — Même pièce, mais le buste sans diadème (3).
    TB.   6 »

571 — Même pièce, avec l'impératrice sur un paon
volant, à dr. (16).   TB.   8 »

572 *Gallien* [1]. R'. Le Soleil debout, à g. (35, 38 et
50). 3 var.   TB. à 0 50

573 — R'. L'Abondance debout, à dr. (55).   TB.   0 75

574 — R'. Centaure (72 et 73). 2 var.   TB. à 0 75

575 — R'. Griffon assis, à g. (78).   TB.   2 »

576 — R'. Mars debout dans un temple (150). TB.   1 »

577 — R'. Cerf ou antilope (157 et 165). 2 var. TB.   0 50

578 — R'. Diane, à dr. (173).   TB.   1 50

579 — R'. Trophée (309).   TB.   1 25

580 — R'. Jupiter debout, sur un cippe (398). TB.   1 »

581 — R'. Gallien debout, à g. (415).   TB.   3 »

582 — R'. Panthère, à g. (586).   TB.   1 50

583 — R'. Hippocampe, à dr. (667).   TB.   1 50

583 *bis*. — Buste L. drapé et cuir. à dr. R'. La Paix
deb., à g. (734). G. B.   B.   5 »

584 — R'. La Paix marchant, à g. (765).   TB.   1 »

585 — R'. La Paix assise, à g. (773).   TB.   1 50

586 — R'. Valérien et Gallien debout (792). TB.   2 50

587 — R'. Mercure deb., à g. (876 et 878). 2 var.
    TB. à 1 »

588 — Tête L. à dr. R'. La Sécurité deb. (964). TB.   3 »

589 — R'. Pégase, à dr. (979).   TB.   1 »

590 — R'. Taureau, à dr. (983).   TB.   2 »

591 — R'. L'Espérance marchant, à g. (992). TB.   1 »

592 — R'. VICT. GERMANICA. Victoire courant,
à g. (1060).   TB.   1 25

593 — Autre variété avec la Victoire courant, à dr.
(1062 et 1065).   TB. à 2 »

594 — R'. Victoire marchant, à g. (1098).   TB.   1 »

---

1. A partir de Gallien, la plupart des deniers sont en cuivre (module
du P. B.), sauf indication contraire.

595 — Victoire présentant une couronne à Gallien.
(1173). TB. 2 »
596 — ℞. VIRT.GALLIENI.AVG. Gallien armé
marchant, à dr., sur un ennemi renversé
(1206). TB. 1 50
597 — ℞. Hercule debout, à dr. (1320). B. 1 »
598 *Salonine*. ℞. L'impératrice assise, à g. (20). TB. 1 »
599 — ℞. Salonine et Gallien se donnant la main.
(31). TB. 1 »
600 — ℞. Ségétia dans un temple (36). TB. 1 »
601 — ℞. La Fécondité debout, à g. (39). TB. 1 »
602 — ℞. Junon debout, à g. (60). FDC. 1 50
603 — Autre variété. TB. 1 »
604 — ℞. Vénus assise, à g. (115). TB. 1 »
605 — ℞. Vénus debout, à g. (130). TB. 1 »
606 *Salonin*. ℞. Aigle emportant Salonin (5). TB. 2 »
607 — ℞. Autel allumé (13). B. 1 »
607 *bis*. — Buste n. et drapé à dr. ℞. Salonin deb. à
g., à ses pieds un captif assis. (90). M.B. B. 5 »
607 *ter*. *Valérien jeune*. ℞. Vulcain dans un temple.
(2). TB. 2 »
608 *Macrien jeune*. ℞. L'Équité debout, à g. (1).
Pièce trouée. TB. 16 »
609 *Quiétus*. ℞. L'Équité debout, à g. (1). B. 15 »
610 *Postume*. ℞. La Félicité debout, à g. (39). TB. 1 »
611 — ℞. Hercule debout, à g. (101). TB. 1 »
612 — ℞. Jupiter debout, à g. (159). TB. 1 25
613 — ℞. Mercure debout, à g. (192). TB. 1 50
614 — ℞. Neptune debout, à g. (205). TB. 1 50
615 — ℞. La Paix debout, à g. (215). TB. 1 »
616 — ℞. L'empereur debout, à g. (261). TB. 1 50
617 — ℞. SALVSAVG. Esculape debout, à dr.,
regardant, à g.; à dr., un globe (336). TB. 1 50
618 — Même pièce avec SALVS EXERCITI. (348).
TB. 1 50
619 *Victorin père*. ℞. Le Soleil marchant, à g. (49). 1 50
620 — ℞. La Piété debout, à g. (93). TB. 1 »

*

621 — ℞. La Santé debout, à dr. (112). TB. 1 »
622 *Marius*. ℞. CONCORDIA MILITVM. Deux mains jointes (4). TB. 10 »
623 — Même pièce avec CONCORD. MILIT (8). TB. 10 »
624 — ℞. La Félicité debout, à g. (13). TB. 10 »
625 — ℞. La Victoire debout, à g. (21). TB. 20 »
626 — ℞. La Valeur debout, à g. (22). B. 10 »
627 *Tétricus père*. ℞. La Victoire debout, à g. (17). B. 1 »
628 — ℞. La Joie debout, à g. (75). TB. 1 »
629 — ℞. La Santé, debout, à g. (153). B. 0 50
630 — Même pièce, d'un style barbare. TB. 1 »
631 — ℞. L'Espérance marchant, à dr. Style barbare. TB. 1 »
632 *Tétricus fils*. ℞. La Paix debout, à g. (34). B. 0 50
633 — ℞. L'Espérance marchant, à g. (88.) TB. 1 50
634 *Claude II*. ℞. L'Équité debout, à g. (7). TB. 0 60
635 — ℞. L'Abondance debout, à g. (21). TB. 1 »
636 — Le Génie debout, à g. (114). B. 0 50
637 — ℞. La Joie debout, à g. (140). TB. 0 75
638 — ℞. Mars marchant, à dr. (160). B. 0 50
639 — ℞. Apollon debout, à g. (251). TB. 1 50
640 — ℞. La Victoire courant, à dr. (302). TB. 1 »
641 — ℞. VICTORIAE GOTHIC. Trophée. (308). TB. 10 »
642 — Autre variété (309). TB. 10 »
643 — ℞. Mars debout, à g. (313). TB. 1 »
644 *Quintille*. ℞. Victoire marchant, à dr. (70). B. 1 50
645 *Aurélien*. ℞. L'empereur et Séverine se donnant la main (60). B. 0 50
646 — ℞. La Fortune assise, à g. (95). TB. 0 75
647 — ℞. Jupiter et l'empereur debout, en face l'un de l'autre (105). TB. 0 75
648 — ℞. Le Soleil debout, de face, et un captif assis (142). TB. 0 75

649 — ℞. Le Soleil debout à g. et un captif assis
    (147).   TB.   0 60

650 — Le Soleil, à g., entre deux captifs assis (153).
                                     TB.   0 50

651 — Autre variété (154).   TB.   1 »

652 — ℞. Le Soleil marchant, à dr., sur un captif
    (159).   TB.   1 »

653 — ℞. Le Soleil marchant, à g. (161).   TB.   1 »

654 — ℞. L'empereur sacrifiant, à dr.; en face de
    lui, Sévérine (171).   B.   4 »

655 — ℞. La Foi militaire et le Soleil debout (183).
                                     TB.   1 »

656 — ℞. Femme présentant une couronne à Auré-
    lien (194).   TB.   0 50

657 — Autre variété (210).   TB.   0 75

658 — ℞. Le Soleil, à g., entre deux captifs (234).
                                      TB.   1 »

659 — ℞. Victoire courant, à g., (248).   TB.   1 »

660 — ℞. Victoire marchant, à g., et un captif
    assis (255). Petit module.   TB.   5 »

661 *Sévérine*. ℞. Vénus debout, à g. (14). Petit
    module.   B.   1 »

662 *Vabalathe et Aurélien*. Leurs bustes (1).   B.   8 »

663 *Vabalathe*. ℞. Vénus deb., à g. (5). V. planche.   75 »

664 *Tacite*. ℞. L'Équité debout, à g. (5).   B.   1 50

665 — ℞. L'empereur et Jupiter debout (25).   TB.   1 50

666 — ℞. Mars marchant, à g. (60).   TB.   1 50

667 — ℞. L'Espérance marchant, à g. (137).   TB.   1 50

668 — ℞. Victoire présentant une couronne à
    l'empereur (140).   TB.   2 50

669 — ℞. La Félicité debout, à g. (145).   TB.   1 50

670 — ℞. Victoire debout, à g. (157).   TB.   3 »

671 *Florien*. ℞. L'Éternité debout, à g. (3).   TB.   3 »

672 — ℞. Le Soleil marchant, à g. (47).   TB.   3 *

673 — ℞. Mars marchant, à dr. (105).   TB.   3 »

674 *Probus*. ℞. L'Abondance debout, à dr. (1) TB.   1 »

675 — ℞. L'empereur, à cheval, à g. et un captif
    assis (37, 57 et 69). 3 var.   TB. à 1 »

676 — ℞. L'Équité debout, à g. (74).   TB.   1 »

677 — ℞. L'empereur et Jupiter debout (91 et 100).
    2 var.   TB. à 1 »

678 — ℞. Minerve debout, à g. (105 et 106). 2 var.
            TB. à 1 50

679 — ℞. Victoire présentant une couronne à l'em-
    pereur (173 var.)   TB.   1 50

680 — ℞. Le Soleil debout, à dr. (179, 182, 197). 3
    var.   TB. à 1 50

681 — ℞. La Félicité debout, à g. (225).   TB.   1 50

682 — ℞. La Foi militaire debout, à g. (252, 254 et
    256). 3 var.   TB. à 1 50

683 — ℞. Hercule debout, à g. (278 et 282). 2 var.
            TB. à 1 50

684 — ℞. Jupiter et l'empereur debout (315). TB.   1 50

685 — ℞. Mars marchant, à dr. (334).   TB.   1 50

686 — ℞. Mars courant, à g. (358).   TB.   2 »

687 — ℞. La Paix debout, à g. (427 et 428). 2 var.
            TB. à 1 50

688 — ℞. La Providence debout, à g. (478).   TB.   1 »

689 — ℞. Femme présentant une couronne à Pro-
    bus (509).   TB.   1 50

690 — ℞. Temple (528 et 531). 2 var.   TB. à 1 50

691 — ℞. La Santé debout, à g. (566).   TB.   1 50

692 — ℞. La Santé debout, à dr. (577 et 586). 2 var.
            TB. à 1 50

693 — ℞. La Sécurité debout, appuyée sur une
    colonne (611).   TB.   1 50

694 — ℞. Le Soleil dans un quadrige, à g. (642 et
    658). 2 var.   TB. à 1 »

695 — ℞. Le Soleil dans un quadrige de face (682).
    2 var.   TB. à 1 »

696 — ℞. L'Espérance marchant, à g. (702).   TB.   1 »

697 — R'. Victoire courant, à g. (741 et 744). 2 var.
TB. à 1 »

698 — R'. Trophée (768 et 773). 2 var.   TB. à 1 »

699 — R'. La Valeur debout, à g. (816). 2 var. TB. à 1 »

700 — R'. Mars marchant, à dr. (888 et 900). 2 var.
TB. à 1 »

701 — R'. L'empereur à cheval, galopant, à dr. et
perçant de sa haste un ennemi terrassé (918).
TB. 1 50

702 *Carus*. R'. Le Soleil marchant, à g. (10). TB. 1 50

703 — R'. Aigle (15 et 18). 2 var.   TB. à 1 50

704 — R'. Autel (23).   B. 5 »

705 — R'. Valeur debout, à g. (110).   TB. 1 50

706 *Numérien*. R'. Jupiter debout, à g. (16). TB. 2 »

707 — R'. Mars marchant, à dr. (18 et 21). 2 var.
TB. 2 »

708 — R'. Le Soleil marchant, à g. (37).   TB. 2 »

709 — R'. La Paix debout, à g. (43).   TB. 2 »

710 — R'. L'empereur debout, à g. (76).   TB. 1 50

711 *Carin*. R'. L'Équité debout, à g. (8). 2 var. TB. 1 50

712 — R'. L'Éternité debout, à g. (14).   TB. 2 »

713 — R'. La Foi militaire debout, à g. (28 et 30). 2
var.   TB. 1 50

714 — R'. Jupiter debout, à g. (45).   B. 1 »

715 — R'. L'empereur debout, à g. (103).   TB. 2 »

716 — R'. L'empereur debout, à dr. (120).   TB. 2 »

717 — R'. Victoire marchant, à g. (151). 2 var. TB. 1 50

718 — R'. Carin et Numérien debout, sacrifiant sur
un trépied (194).   TB. 3 »

719 *Magnia Urbica*. R'. VENVS GENETRIX,
Vénus debout, à g. (11).   TB. 16 »

720 *Dioclétien*. R'. Jupiter et Hercule debout (146
var.).   B. 0 50

721 — R'. Jupiter debout, à g. (147, 153 et 228).
TB. 0 50

722 — T. l., à dr. R'. VICTORIAE SARMATICAE,

Porte de camp, les battants ouverts, surmontée de quatre tourelles (492). Arg. TB. 8 »

723 — T. l., à dr. ℞. VIRTVS MILITVM. Quatre
soldats sacrifiant sur un trépied devant la
porte d'un camp (517). Arg. TB. 8 »

724 *Maximien Hercule*. ℞. Maximien et Jupiter
debout (53). TB. 0 75

725 — ℞. Hercule debout, à g. (238 et 266). 2 var.
 TB. 0 75

726 — ℞. Jupiter assis, à g. (323). TB. 0 50

727 — ℞. La Paix debout, à g. (438, 442 et 443).
 TB. 0 50

728 — T. l., à dr. ℞. du n° 722 (553). Arg. TB. 8 »

729 — ℞. Jupiter et Hercule debout en face l'un de
l'autre (604). TB. 1 »

730 — T. l., à dr. ℞. VIRTVS MILITVM. Porte de
camp du n° 722 (631). Arg. TB. 10 »

731 — ℞. Hercule étouffant un lion (650). TB. 2 »

732 — ℞. VOTIS X. Dioclétien et Maximien
debout sacrifiant sur un trépied (670). TB. 4 »

733 — T. l., à dr. ℞. XC. VI. Dans une couronne
de laurier (696). Arg. TB. 20 »

734 *Carausius*. ℞. LAETITIA AVG. Vaisseau
avec six rameurs (119 var.) B. 15 »

735 — ℞. PAX·AVG. La Paix debout, à g., tenant
une branche d'olivier et un sceptre droit (199)
 B. 10 »

736 — ℞. même revers, mais la Paix tient un
sceptre transversal (215). B. 10 »

737 — Même pièce avec PAX.AVGGG (239). B. 15 »

738 — ℞. PROVIDEN.AVG. La Providence
debout, à g. (278). B. 10 »

739 — ℞. TVTLLA. L'Abondance debout, à g.,
auprès d'un autel (354). TB. 12 »

740 — Autre var. B. 6 »

741 *Constance Chlore*. ℞. Pallas debout, à g. (12).
 TB. 5 »

742 — T. l., à dr. R'. du n° 723 (314). Arg.   TB.   10 »

743 *Galère Maximien*. R'. Jupiter et Hercule debout
      (127).   TB.   2 »

744 — T. l., à dr. R'. VICTORIA SARMAT.
      Quatre soldats comme au n° 723 (208). Arg. B.   10 »

745 *Maximin II Daza*. T. l., à dr. R'. Jupiter
      debout, à g., tenant un globe et un sceptre ; à
      ses pieds, une couronne (125). M. B. saucé.
                                                  B.   4 »

746 *Maxence*. T. l., à dr. R'. Rome assise et Maxence
      debout dans un temple (42). M. B.   B.   4 »

747 *Romulus*. Buste n., à dr. R'. Temple (7). Patine
      verte.   B.   5 »

748 *Licinius père*. R'. Le Génie debout, à g.   B.   0 50

749 LICINIVS AVG. Buste l. et cuirassé, à dr. R'.
      Jupiter assis sur un aigle debout, sur un arc
      (101 var.).   TB.   3 »

750 — R'. VOTIS V. MVLTIS X. Victoire debout,
      à dr., posant sur un cippe un bouclier sur
      lequel on lit . VICTORIA AVG (205). Or.
                              Voyez Planche. FDC. 300 »

751 *Licinius fils*. R'. Jupiter debout, à g. (21 et 32).
      2 var.   TB.   1 »

752 — R'. Porte de camp (43).   TB.   1 »

753 — R'. Étendard entre deux captifs assis (67).
                                                  TB.   1 50

754 *Constantin le Grand* [1]. R'. Autel (17, 18 et 20).
                                                  TB.   0 50

755 — Sans légende. T. diadémée, à dr. R'. CONS-
      TANTINUS AVG. Victoire marchant, à g. ;
      à l'exergue, CONS (97). Arg.   TB.   35 »

755 *bis*. — R'. Génie debout, à g. ; à ses pieds un
      autel (180). M. B.   TB.   1 »

756 — R'. Deux soldats debout, entre eux deux
      enseignes (254).   TB.   0 50

757 — R'. Jupiter debout, à g. (297). M. B.   B.   1 50

1. Les bustes sont ordinairement laurés à partir de ce règne.

758 — R'. Victoire marchant, à dr. (487).   TB.   0 50
759 — R'. Le Soleil marchant, à g. (546).   TB.   3 »
760 — Avers du n° 755. R'. VICTORIA CONSTAN-
    TINI AVG. Victoire assise, à dr., sur une cui-
    rasse et un bouclier, écrivant VOT XXX, sur
    un bouclier que lui présente un génie; à
    l'exergue, SMNR (117). Or.   FDC.   180 »
761 — R'. Deux Victoires posent un bouclier sur
    un autel (640).   TB.   0 75
762 — Autre var.   TB.   0 50
763 — R'. Porte de camp (665).   TB.   0 75
764 — R'. Étendard entre deux captifs assis (687).
    TB.   0 50
765 — Buste de Constantinople, à g. R'. Victoire
    debout, à g. (21).   TB.   0 50
766 — Buste de Rome, à g. R'. Deux soldats debout,
    entre eux un étendard (1).   B.   1 »
767 — Même avers. R'. La Louve, à g. (17).   TB.   0 50
768 — Même pièce, bien plus petite (19). Quinaire.
    B.   2 »
769 — POP. ROMANUS. Buste de jeune homme l.
    drapé, à g., ayant derrière lui une corne
    d'abondance. R'. Pont surmonté de deux
    tours (1). Quinaire.   TB.   4 »
770 — Même avers. R'. Étoile et CONSI dans une
    couronne de laurier (2). Quinaire.   B.   3 »
771 *Crispe.* R'. Autel (21 et 27). 2 var.   TB.   1 »
772 — R'. L'empereur debout, à dr. (91).   TB.   1 »
773 — R'. Soldat debout, à g. (100).   TB.   1 »
774 — R'. Porte de camp (125).   TB.   1 »
775 — *Delmace.* R'. Deux soldats debout, entre
    eux une enseigne (8).   B.   4 »
776 *Constantin II le Jeune.* Buste radié, à g. R'.
    Autel (16).   B.   1 »
777 — R'. VOT. X. dans une couronne (38).   TB.   1 »
778 — Même avers. R'. CONSTANTINVS AVG-

Dans une couronne de laurier; à l'exergue, ANT (69 var.). Arg.   B.   40   »

779 — Sans légende. T. diadémée, à dr. Ŗ. CONS-TANTINVS AVGVSTVS. Victoire marchant, à g. (170). Arg.   AB.   10   »

780 — Même pièce avec CONSTANTINUS CAE-SAR (76). Arg. Pièce trouée.   15   »

781 — Ŗ. Deux soldats debout; entre eux, deux enseignes (122 et 129). 2 var.   TB.   1   »

782 *Constant I*. Buste diadémé et drapé, à dr. Ŗ. VICTORIA DD. NN. AVGG. Victoire mar-chant, à g.; à l'exergue, TR (152). Arg.   B.   15   »

783 *Constance II*. Sans légende. T. diadémée, à dr. Ŗ. CONSTANTIVS AVG. Victoire marchant, à g. (12 var.) Arg. Pièce trouée.   15   »

784 — Buste diadémé et drapé, à dr. Ŗ. FELICI-TAS REIPUBLICE, autour d'une couronne dans laquelle on lit VOT.XV.MVLT.XX; à l'exergue, C.T (68). Arg.   TB.   6   »

785 — Même pièce, avec VOT.XX.MVLT.XXX. dans la couronne (70). Arg.   AB.   2   »

786 — D.N.CONSTANTIVS P.F.AVG. Son buste diadémé et drapé, à dr. Ŗ. VICTORIA AVGVSTI. Victoire marchant, à g. (212 var.). Arg.   TB.   6   »

787 — CONSTANTIUS P.F. AVG. Son buste dia-démé et drapé, à dr. Ŗ. VICTORIA. AVGVS-TORUM. Victoire marchant, à g. tenant une palme et un trophée (233 var.). Arg. Pièce trouée.   B.   10   »

788 — Buste diadémé, drapé et cuirassé, à dr. Ŗ. VOTIS XXX MVLTIS XXXX dans une couronne de laurier; à l'exergue SMN (342). Arg. Pièce trouée.   TB.   6   »

789 — Même pièce avec SIRM, à l'exergue. Arg. 4 var.   TB.   6   »

790 — Même pièce avec G.F.A.   TB.   6   »

791 — Même pièce avec C. Z. à l'exergue. Arg. TB. 6 »
792 — Même pièce avec SIS à l'exergue. Arg. TB. 6 »
793 — Autre var. Arg. Pièce trouée. TB. 3 50
794 — Même pièce avec ANT à l'exergue. Arg.
  Pièce trouée. B. 2 »
795 — Même pièce avec SMN à l'exergue. Arg.
  Pièce trouée. B. 2 »
796 — ℞. Constance debout, à g.; à ses pieds
  deux captifs assis (41). M.B. TB. 1 »
797 *Magnence.* Buste nu et drapé, à dr. ℞. VICT.
  AVG.LIB.ROM.ORB. La Victoire et la
  Liberté debout, tenant ensemble un trophée ; à
  l'exergue NAR (36) Or. Voyez planche. FDC. 200 »
  Le produit de l'atelier de Narbonne est excessivement rare.
798 — ℞. Deux Victoires debout, tenant une couronne (68). M.B. TB. 1 »
799 *Décence.* Même pièce (43). M.B. TB. 1 »
800 *Julien le Philosophe.* Son buste diadémé, drapé
  et cuirassé, à dr., ayant la barbe très courte.
  ℞. VIRTVS EXERCITVS ROMANORVM.
  Julien, en habit militaire, traînant par les che-
  veux un captif à genoux et tenant un trophée
  (78). Or. Voyez planche. TB. 70 »
801 — Même pièce, mais le buste ayant la barbe
  plus fournie. A l'exergue du ℞. SIRME. 'Or.
    B. 45 »
802 — Autre var. Le buste avec une barbe très
  longue, et l'empereur au ℞. a un manteau flot-
  tant. A l'exergue, ANTH (79). Or. TB. 55 »
803 — Buste précédent. ℞. VOT.X.MVLT.XX,
  dans une couronne (147). Arg. B. 3 »
804 — Buste semblable à celui du n° 800. ℞. VOTIS
  V.MVLTIS X dans une couronne de laurier;
  à l'exergue, SIRM (159). Arg. Pièce trouée.
    TS. 4 »
805 — Autre var. Arg. B. 3 »
806 *Valentinien I.* Buste l., drapé et cuirassé, à dr.

℞. VOT.X.MVLT.XX, dans une couronne
(73). Arg. TB. 6 »

807 *Valens*. Buste l. et drapé cuirassé, à dr. ℞.
VOT.V. Dans une couronne; à l'exergue, C.
E (88) Arg. TB. 5 »

808 — Même avers. ℞. VOT.V.MVLT.X dans une
couronne; à l'exergue, SMN (91). Arg. TB. 5 »

809 — Même pièce avec le ℞. du n° 806 (96). Arg.
2 var. TB. 35 »

810 — Même pièce avec ANT, à l'exergue. Arg.
TB. 6 »

811 *Procope*. Même pièce qu'au n° 807 (14). Arg.
Pièce trouée. B. 5 »

812 *Valérie*. Buste, à dr. ℞. VENERI VICTRICI.
Vénus debout, à g. (2). M.B. B. 6 »

813 *Constant I*. Buste, à dr. ℞. VICTORIAE DD.
NN.AVGG. Deux Victoires debout, tenant
un bouclier sur lequel on lit. VOT.XMVLT.
XX. (171). Or. TB. 45 »

814 *Gratien*. ℞. Rome assise de face, regardant à
dr. (4). B. 2 »

815 — ℞. PRINCIPIVM IVVENTVTIS. Gratien
l., nimbé et armé debout, à dr. (28). Or. TB. 45 »

816 — ℞. Victoire marchant, à g. (34). Pièce argen-
tée. B. 1 »

817 *Valentinien II*. Légende et type du n° 806 (71).
Arg. TB. 8 »

818 *Flacille*. Buste, à dr. ℞. Victoire assise, à dr.
(4). M. B. B. 3 »

819 *Théodose I*. Buste, à dr. ℞. Victoire marchant,
à dr. (47). Or. Triens troué. TB. 12 »

820 *Maxime*. Buste diadémé et drapé, à dr. ℞. VIR-
TVS ROMANORVM. Rome, assise de face,
tenant un globe et un sceptre (20). Arg. TB. 10 »

821 *Flavius Victor*. Buste, à dr. ℞. Victoire
marchant, à g. (4). Arg. Pièce trouée. B. 5 »

822 *Honorius*. Ɍ. Honorius à cheval, à dr. (22). P.B.
  Quinaire.   B.   2   »
823 — Buste diadémé et drapé, à dr. Ɍ. VICTO-
  RIA AVGGG. L'empereur debout de face,
  regardant, à dr. tenant un étendard et un
  globe surmonté d'une Victoire et posant le
  pied gauche sur un ennemi couché (44). Or.
                                             TB.   26   »
824 — Var. du n° 820, avec Rome assise, à g. (59).
                                             TB.   5   »
825 *Jean*. Buste diadémé et drapé, à dr. Ɍ. du n°
  823 (4). Or.   TB.   100   »
826 *Valentinien III*. Buste diadémé, drapé et cuirassé, à dr. Ɍ. du n° 823 (23). Or.   TB.   35   »
827 — D. N. PLA. VLENTINIAN..... Même buste.
  Ɍ. Croix dans une couronne de laurier (55
  var.). Triens. Or.   TB.   45   »
828 *Majorien*. Buste, à dr. Revers précédent (19).
  Triens. Or.   TB.   30   »
829 *Sévère III*. Buste, à dr. Ɍ. L'empereur debout
  de face, posant le pied droit sur la tête d'un
  serpent et tenant une croix et une Victoire (8).
  Or. Trou rebouché.   B.   20   »
830 — Autre var. (13). Or pâle.   TB.   15   »

Empire d'Orient[1].

831 *Arcadius*. Ɍ. L'empereur couronné par la Victoire (IV. 17). P. B.   B.   1 50
832 — Ɍ. Victoire courant, à g. (IV. 18). P. B. B. 1 50
833 *Eudoxie*. Ɍ. Eudoxie assise de face sur un
  trône (IV. 28). P. B.   B.   5   »
834 *Théodose II*. Buste casqué et armé, vu de face.

---

1. Les n°ˢ entre parenthèses se rapportent aux planches de Sabatier,
Description des monnaies byzantines.

℟. SALVS REIPVBLICAE. L'empereur nimbé et un personnage également nimbé, assis de face, sur un trône (V. 3 var.). Or. TB. 25 »

835 — Buste, à dr. ℟. Deux soldats debout de face (V. 14). P. B. B. 5 »

836 *Marcien.* Buste, à dr. ℟. Monogrammes (VI. 10). P. B. Quin. B. 3 »

837 *Léon I.* Buste du n° 834. ℟. VICTORIA AVG-GGΔ. Victoire debout, à g., tenant une croix (VI. 22). B. 18 »

838 *Zénon.* D.N.ZENO PERP.A'G. Buste diadémé et drapé, à dr. ℟. du n° 827. (VII. 24 var.).

839 — Même avers. ℟. VICTORIA AVGGG. Victoire, à dr. (VII. 19) Demi-sou. Or. Triens B. 18 »

840 *Anastase.* Buste du n° 834. Même pièce que le n° 837 avec AVGGGA (VII. 26). Or. TB. 22 »

841 — Buste, à dr. ℟. VICTORIA AVGSTORVII. Victoire debout de face (VIII. 27). Or. triens. TB. 15 »

842 *Justin I.* Même pièce (IX. 22). Triens. Or. TB. 12 »

843 — Même pièce. Fabrication plus barbare. Triens. Or. TB. 12 »

844 — ℟. V et une étoile dans une couronne (XI. 6). Cuiv. B. 1 »

845 — Buste, à dr. ℟. Monogramme d'Athalarie (XVII. 16). Arg. B. 6 »

846 *Tibère-Constantin.* Buste de face, tenant le globe crucigère. ℟. VICTORI A AVGGΓ. Croix sur quatre degrés (XXII. 13). Or. FDC. 28 »

847 — Buste de face. ℟. Indice XX (XXIII. 13) Cuiv. B. 1 50

848 *Maurice Tibère.* Avers du n° 846. ℟. VICTORI AAVGGS. Victoire debout de face, tenant une haste terminée par le monogramme du

Christ et un globe crucigère (XXIV. 10). Or.
TB. 18 »

849 — DNTIЬЄR ɱAVRIC PPΔVI. Buste diadémé
et drapé, à dr. ℟. VICTORIA CRIΔЧG.
Croix; dessous CONOB (XXIV. 13 var.).
Triens. Or. TB. 25 »

850 *Focas*. Buste diadémé de face, tenant le globe
crucigère. Revers du nº 848 (XXVI. 27). Or.
FDC. 25 »

851 — Autre var. moins belle. 18 »

852 *Héraclius*. Même avers. ℟. VICTORIA
AVGG..... Croix sur trois degrés (XXVIII. 9).
Or. TB. 20 »

853 — Buste, à dr. ℟. Croix dans une couronne
(XXVIII. 20). Arg. TB. 6 »

854 *Héraclius et Héraclius-Constantin*. DD......
CLIVS ЄT ҺЄPA CONS. Les deux personnages, assis de face, tenant chacun le
globe crucigère; dans le haut, une croisette.
℟. ƆЄ ƆIҺTA ROɱANIS. Globe sur-
monté d'une croix et posé sur trois degrés;
dans le champ, une couronne et V. Arg. B. 15 »

855 — Autre var. (XXIX. 24). Arg. B. 10 »

856 *Constant II*. Buste barbu, diadémé de face,
tenant le globe crucigère. ℟. Globe surmonté d'une croix et posé sur trois degrés
(XXXII. 9). Arg. B. 10 »

857 — Même buste. ℟. PAX et au-dessus, une
croix (XXXII. 13). Arg. TB. 12 »

858 *Constant II et Constantin Pogonat*. Bustes
des deux Augustes de face. ℟. semblable à
celui du nº 854; dans le champ, B (XXXIV.
3). Arg. TB. 12 »

859 *Constantin IV Pogonat*. Buste, à dr. ℟. VIC-
TORIA AVGVS. Croix posée sur un globe
(XXXVI. 10). Or. Demi-sou. TB. 12 »

860 *Léon IV et sa famille*. Deux bustes de face.

R'. Deux personnages assis de face (XLI. 3).
Or. Pièce trouée. TB. 30 »

861 *Léon IV Chazare*. Légende et croix (XLI. 4).
Arg. Pièce trouée. B. 10 »

862 *Basile I et Constantin IX*. Deux bustes de
face, tenant ensemble une longue croix. R'.
Le Christ assis de face (XLIV. 22). Or. TB. 30 »

863 *Romain I et ses fils Christophore et Constantin*.
Légende et croix (XLVI. 14). Arg. Pièce
trouée. TB. 15 »

864 *Nicéphore II Focas*. Bustes de la Vierge et de
Nicéphore, tenant ensemble une longue
croix. R'. Buste du Christ de face (XLVII.
12). Or. TB. 30 »

865 *Romain III Argyre*. L'empereur debout, de
face couronné par la Vierge. R'. Le Christ
assis de face (XLIX. 2). Or. TB. 30 »

866 *Constantin XII Monomaque*. L'empereur debout
de face, tenant une longue croix et une épée
dans le fourreau. R'. La Vierge debout, de
face, les mains élevées (XLIX. 11). Arg. concave. TB. 25 »

867 *Constantin XIII Ducas*. L'empereur debout
de face, tenant le *labarum* et le globe crucigère. R'. Le Christ assis de face (L. 6). Or.
TB. 35 »

868 *Romain IV, Eudoxie et ses trois fils*. Le Christ
debout de face, couronnant Romain et
Eudoxie. R'. Les trois fils debout de face
(L. 11). Or concave. Pièce trouée. TB. 30 »

869 — Autre var. Or concave. TB. 40 »

870 *Michel VII Ducas*. Buste de face, tenant le
labarum et le globe crucigère. R'. Buste du
Christ de face (p. 175 n° 2). Or concave. TB. 28 »

871 *Nicéphore III Botaniate*. L'empereur debout
de face, tenant le *labarum* et le globe cruci-

gère. ℟. Le Christ assis de face (LI. 15). Or
concave.   B.   20   »

871 *Jean II Comnène*. Saint Georges debout de
face, tenant avec l'empereur une longue croix.
℟. Le Christ assis de face (LIII. 15 var.). Or
concave.   TB.   20   »

872 — La Vierge couronnant l'empereur. ℟. Le
Christ assis de face. Cuiv. concave. 2 var. B.   2   »

873 — La Vierge et l'empereur debout, de face,
tenant ensemble une longue croix. ℟. Le
Christ assis de face. Or concave.   TB.   20   »

874 *Isaac l'Ange*. Saint Michel couronnant l'empereur. ℟. La Vierge assise de face (LVII. 16)
Or pâle concave.   TB.   20   »

875 *Jean I Comnène*. L'empereur debout, de face.
℟. Saint Eugène debout de face (LXVII. 6
var.) Arg.   B.   3   »

876 Lot de monnaies romaines en cuivre.   5   »
877 Lot de monnaies romaines en argent et billon.   25   »
878 **Bulgarie**, *Asien I*. Gros copié sur les monnaies
byzantines.   B.   1   »
879 **Bulgarie**, *Asien I*. Demi-gros. Mêmes types. B. 2   »
870 **Serbie**. Gros. Mêmes types.   B.   1   »
881 **Venise**. Gros.   —   B.   1   »

LIVRES NUMISMATIQUES.

BABELON (E.). *Description historique et chronologique des Monnaies de la République romaine, vulgairement appelées Monnaies consulaires.* Paris, 1885-86, 2 forts vol. in-8° avec nombreuses figures, rel.   45 »

BLANCHET (A.). *Les Gaulois et les Germains sur les monnaies romaines.* Bruxelles, 1891, in-8°. Pl. Broché.   1 »

ENNERT (d'). *Catalogue des médailles antiques et modernes de son cabinet.* Paris, 1788, in-4°, rel. tranche dorée avec ex-libris.   20 »
Exemplaire de l'abbé Campion de Tersan, chargé de corrections explications, additions et dessins qui le rendent très précieux.

FANCINET. *Une collection des douze Césars.* Mâcon, 1892, in-8°. Broché.   1 50

GALLAND (A.). *Observations sur les explications de quelques médailles de Tétricus le père et d'autres tirées du Cabinet de M. de Ballonfeaux.* Caen, 1701, in-18°, rel., très rare.   18 »

HENNIN. *Manuel de numismatique ancienne.* Paris, 1872, 2 vol. in-8°, rel. avec atlas de 70 pl.   20 »

LENORMANT. *Monnaies et médailles.* Paris, 1884, in-8° avec nombr. vignettes. Relié.   5 »

MAGNAN. *Lucania numismatica.* Rome, 1773, in-4° 50 pl. relié.   6 »

MARCHANT (l'abbé). *Notice sur Rome, les noms romains et les dignités mentionnés dans les légendes des monnaies impériales romaines.* Paris, 1869, fort in-8°, rel.   6 »

MIONNET. *De la rareté et du prix des médailles romaines.* Paris, 1827, 2° éd. 2 vol. in-8°, avec planches et vignettes. Relié.   18 »

SPANHEIM. *Les Césars de l'emp. Julien.* Paris, 1683, in-4°. Relié.   5 »

Petits médailliers et cartons à médailles à vendre.

MACON, PROTAT FRÈRES, IMPRIMEURS.

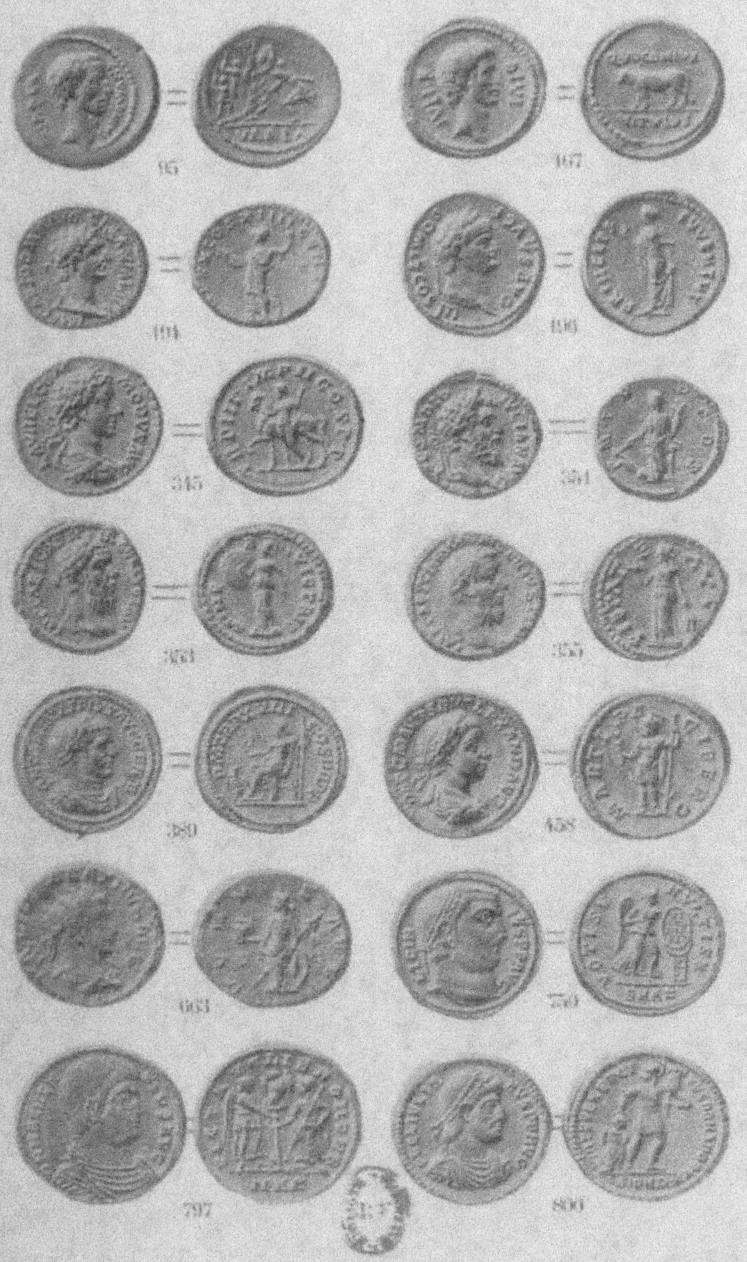